KB262518

범우문고 178

권리를 위한 투쟁

루돌프 폰 예링 지음/심윤종 옮김

범우사

차 례

□ 이 책을 읽는 분에게

　　루돌프 폰 예링은 1818년 8월 22일 하노버 (Hannover)에서 태어나 1892년 9월 17일 75세를 일기로 괴팅엔에서 세상을 떠났다.

　　독일의 법학자(혹은 법철학자)로서 법사회학의 시조라 불리기도 한다. 철학자 헤겔의 영향을 받았으나 헤겔의 사회·국가·법 사상을 그대로 수용하지는 않았다.

　　그는 로마법에 정통하여 실증적 자료를 많이 수집했으며 로마법을 연구하는 데 단순히 역사적·실증적 연구에 그치지 않고 목적론적·법기술적·문화적 견지에서 새로운 역사법학파의 입장을 취하였다. 그가 이기적인 이익을 법률생활의 기초적, 창조적 힘으로 보았다는 것은 유명하며 이것은 봉건시대가 끝나고 자본주의 시민사회가 정착하여 그 시대의 분위기가 이기적인 원자적 개인을 옹호하고 있었다는 점을 감안한다면 자연스러운 현상이다. 1845년 바젤(Basel) 대학 교수를 역임한 후 킬(Kiel), 깃센(Giessen), 괴팅엔(Gottingen) 대학에서 로마법을 가르치면서 주로 사회공리주의 철학을 발전시켰다. 사회의 요구를 강조하는 그의 입장은 개인주의적 관점에서 접근하는 영국의 공리주의자 제레미 벤담(Jeremy Bentham)과는 판이하게 달랐다.

예링은 역사법학파의 최후를 장식한 대저(大著) 《로마법의 정신(*Der Geist des Römischen Rechts*,1852~65)》 발간 이후 전통적인 법학에 비판적인 견해를 갖게 되었고 개념 위주의 전통 법학에서 벗어나 사회적 실용성을 중시한 목적법학에 관심을 가졌다. 이러한 그의 사상적 변모를 최초로 보여 주는 책은 바로 《권리를 위한 투쟁(*Der Kampf ums Recht*, 1872)》으로 각 개인의 이익에 기초한 목적법학의 단초를 마련했다. 이어서 예링은 《법의 목적(*Der Zweck im Recht*,1877~83)》을 내놓아 법이론에서 목적법학의 위치를 확고히 하였고 19세기 후반 새로운 법학 연구 방법론을 제시하여 근대 사법학자(私法學者)에게 지대한 영향을 끼

쳤다.

　본사에서는 《권리를 위한 투쟁》을 1977년 처음 발간한 이래 꾸준히 독자들의 좋은 반응을 받아 왔다. 그래서 이번 기회에 독자들의 호응에 부응하기 위해 문고본으로 다시 펴냈다. 법학 전공자나 법에 관심 있는 독자들에게 조그마한 도움이 되길 바란다.

편 집 자

권리를 위한 투쟁

Der Kampf ums Recht

□ 옮긴이의 말

이 소책자는 독일의 저명한 법철학자 루돌프 폰 예링(Rudolf V. Ihering)의 《*Der Kampf ums Recht*》를 번역한 것이다. 초판은 1872년에 나왔는데, 1921년에는 벌써 20쇄가 나왔으며, 근래에 와서는 거의 세계 각국에서 번역 소개되었다.

예링은 초기에 사상적으로 사비니와 푸흐타의 영향을 받았으나, 후에는 이들 역사학파의 이론을 극복하고, 이들의 비합리적이고 형식론적인 경향에 합리주의적이고 목적론적인 개념을 구성하여 대립시킴으로써 당시의 지배적인 학풍에 과감하게 도전했던 것이다.

저자가 서문에서 기술하고 있는 바와 같이 본서

저술의 직접적인 목적은 "이론적인 면보다는 윤리적이고 실제적인 면을, 법의 학문적인 인식보다는 법감정을 주장하는 용감하고 확고부동한 태도를 촉진하는 데 있다"고 했다.

이 말은 본서가 지향하는 독자 층을 어디에 두는지 가장 정확하게 표현하고 있다고 생각한다. 그래서 본 역서에서는 전문적인 지식을 요구하며, 동시에 법사상이 발전됨에 따라 오늘날에 와서는 그다지 중요하다고 여겨지지 않는 마지막 장의 '로마법에 관한 근대이론의 문제'를 제외했고, 원문에 있는 주(註)도 생략했음을 밝혀 둔다.

본서는 실로 누구에게나 필독을 권하고 싶은 양서 중의 양서임에 틀림없다. 이 소책자가 오늘에 이르기까지 지상에서 가장 많이 보급된 법사상서(法思想書)라는 것은 우연한 일이 아니다.

예링은 전편을 통해서 '권리란 싸워서 얻는 것'이란 그의 법사상을 강조하고 있다. 이와 같은 그의 사상은 인간의 기본권이 금력과 권력에 의해서 희롱당하는 현세(現世)의 우리에게 더욱 큰 교훈이 될 것이다.

번역에서는 가능한 한 원문에 충실하고자 노력했지만 예링 특유의 만연체 문장을 풀어서 우리말로

옮기는 데는 본의 아닌 무리가 있었을지도 모르겠
다. 독자 여러분의 너그러운 이해와 충고가 있기를
바란다.
　끝으로 교활한 시대적 상황에서나마 소금과 빛의
역할을 다하고자 노력하는 윤형두 사장님의 숭고한
정신에 경의를 표한다.

심윤종(성균관대학교 총장)

□ 머 리 말

1872년 봄, 나는 빈 법률학회에서 강연했다. 나는 그곳에서의 강연 내용을 보충했고 다수의 독자들을 고려하여 《권리를 위한 투쟁》이라는 제목으로 출판했다.

내가 이 책을 증보하여 출판하게 된 목적은 처음부터 이론적인 면보다는 윤리적이고 실제적인 면을, 법의 학문적인 인식보다는 법이 그 마지막 힘을 다해야만 한다는 견해, 즉 법감정(法感情)을 주장하는 용감하고 확고부동한 태도를 촉진하는 데 있었다.

비록 이 소책자가 많은 결함을 가지고 있더라도 이 책의 사상은 금세기 시대정신을 자극함은 물론, 적절한 시기에 적절한 것을 주장했음에는 틀림없을 것이다. 이 책이 독일과 외국에서 광범하게 보급·수용된 것, 또는 이 책에 영향을 받은 많은 사람들이 이 책에 가한 논평이 이에 대한 증명이 된다.

　이제 이 소책자의 판이 거듭됨에 따라 출판사는 이 책을 손에 넣을 수 있는 기회를 좀더 넓은 범위로 확대시키려는 목적에서 이번에는 보급판의 형식을 낸다. 그런데 법률가가 아닌 사람들보다는 법률가를 대상으로 삼고자 하는 사람들의 의견을 배제함으로써 이 계획에 동조한 것은 아마 내 잘못인지도 모르겠다. 그러나 내가 이 계획을 중지시키지 않은 이유는 법률가로서 기꺼이 포기하고 싶지 않을 그들의 입장도 지금까지 이 책을 광범위하게 보급시키는 데 하등의 방해가 되지 않았다는 고려에서였다.
　이 책에 가해진 수많은 비판에도 불구하고 나는 이 책의 내용 변경을 시도하지 않았다. 그리고 내가 이전에 그와 같은 비판을 받았을 때 취했던 대답을 여기에 수록하지도 않았다. 왜냐하면 이 책의 근본 이념이 참된 것이라면 그것은 분명히 자기 자신을 주장하게 될 것이고, 그것이 허위적이라면 자기방어를 위한 모든 말은 소용없게 되고 말 것이라는 확신을, 나는 예나 지금이나 한결같이 지니고 있기 때문이다.

다만 두 가지만은 독자에게 부탁하고 싶다. 첫째는 내가 ‘권리를 위한 투쟁’을 모든 종류의 분쟁에 있어서 한결같이 요구하는 것이 아니라 권리에 대한 공격이 동시에 인격의 경시를 포함하는 때에 한해서만 요구한다. 그럼에도 불구하고 나의 견해를 곡해함으로써 마치 하찮은 말싸움이나 분쟁, 소송이나 투쟁욕을 변호하는 사람처럼 나를 평가하지 말아 달라는 것이다.

양보와 화해, 관대와 인간애, 권리행사의 조정과 포기 등도 내 이론에서 정당한 자리를 차지할 수 있다. 내 이론이 이에 대해 반대 입장을 취하고 있는 점은 다만 비겁과 태만에서 오는 불법에 대한 가치 없는 인종(忍從)에 있다.

내가 하고 싶은 두 번째 부탁은 나의 이론에 대해 진심으로 정확히 이해하고자 하는 사람은 내 이론이 전개하고 있는 실천적 태도의 적극적인 방식에 대해 자기 쪽에서도 이와는 다른 또 하나의 적극적인 방식을 대치시키는 시도를 해 보라는 것이다. 그렇게 되면 그는 곧 어떠한 결과에 도달하게 될지를 알게 될 것이다. 자기의 권리가 유린당했을 때 권리자는 과연 무엇을 해야만 할까? 그와 같은 질문에 대해서

납득이 가는, 다시 말해서 법질서와 인격 이념을 조화시킬 수 있고 내 이론과는 대립되는 대답을 줄 수 있는 사람은 내 이론을 반박할 능력이 있다. 그러나 그와 같이 반박할 수 없는 사람은 내 이론을 승인하든지 그렇지 않으면 애매한 두뇌를 가진 모든 사람의 특징인 어중간한 것에 만족하여 쓸데없는 불만과 부정만으로 자기 고유의 적극적인 의견을 피력해 보지도 못하고 마는 두 가지 가능성 중에서 어느 하나를 택하는 길만이 있을 뿐이다. 순수한 학문상의 질문에서라면 설사 적극적인 진리를 내세울 수는 없더라도 단순히 오류를 반박하는 것만으로도 만족할 수 있다. 그러나 실천적 문제에서는 행동해야 한다는 것은 확실하나, 어떻게 행동해야 할 것인가 하는 문제가 중요하기 때문에 다른 사람에 의해서 주어진 적극적인 방침을 부당하다고 배척하는 것만으로는 충분하지 않기 때문에 다른 방침으로 대치해야만 한다.

내가 제시한 방침에 관련하여 이러한 일이 일어날지 일어나지 않을지, 그 결과를 기다려 보겠다.

1874년 8월 4일 괴팅엔에서

루돌프 폰 예링

1. 법의 목적은 평화며
그것을 위한 수단은 투쟁이다

법의 목적은 평화며 그것을 위한 수단은 투쟁이다. 그런데 법이 불법(不法)에 의해서 공격을 받는 한 이와 같은 현상은 세상이 존속하는 동안 계속되겠지만 법은 투쟁을 중단하지 않을 것이다. 그것은 법의 생명이 바로 투쟁, 즉 민족과 국가권력, 계급과 개인의 투쟁에 있기 때문이다.

이 세상의 모든 법은 쟁취된 것이며, 모든 중요한 법규는 이에 대항했던 사람들로부터 싸워서 빼앗은 것이다. 어느 개인의 권리든 민족의 권리든 모든 권리는 그것의 주장을 위해서 끊임없는 투쟁준비가 전제된다.

법은 단순한 사상이 아니라 생동하는 힘이다. 그

러므로 정의(正義)의 여신은 한 손에는 권리의 무게를 달 수 있는 저울판과 다른 손에는 권리를 주장할 수 있는 검(劍)을 쥐고 있는 것이다. 절제를 모르는 검은 하나의 폭력이며 반대로 검을 갖지 못한 절제는 법의 무력(無力)을 뜻한다. 즉 이 두 가지는 한 쌍을 이루는 것이다. 그러므로 완전한 법의 실현이란 검을 찬 정의의 여신이 검을 사용하는 힘의 저울판을 잘 조정하는 숙련에 의해서만 가능하다.

법은 국가권력에 의해서만이 아니라 국민 전체에 의해서 지향되는 영원의 과업이다. 법의 일생은, 경제적이고 정신적인 생산 영역에서 종사하는 전국민의 고독한 투쟁과 노동의 동일한 광경을 우리 눈앞에 재현시키고 있다. 자신의 권리를 주장하지 않을 수 없는 상황에 이르게 되면 이와 같은 국민적 과업에 참여하게 되어, 결국 그의 기여는 지상에서 권리 이념의 실현을 촉진시키는 것이다.

물론 이와 같은 요구는 모든 사람에게 똑같은 정도로 해당되지는 않는다. 수많은 사람들의 생활은 아무런 충돌도 없이 규제된 법의 길 위에서 진행된다.

이때 우리는 그들에게 '법은 투쟁이다'라고 말한다. 그러나 그들은 전혀 우리의 말뜻을 이해하지 못한다. 왜냐하면 그들은 법이란 것을 다만 질서와 평화의 상태에서만 알고 있기 때문이다. 그런데 그들 자신이 경험한 입장에서 본다면 그들의 태도는 아주 정당하다. 그것은 마치 노력의 결실을 아무런 수고도 없이 취득할 수 있었던 부유한 상속인이 '소유권은 노동의 대가'라는 일반율을 부인하는 것과 똑같은 것이다.

그런데 이와 같은 양자(兩者)의 착각은, 소유권과 법에 내재하는 양면성으로 한쪽에는 향락과 평화가, 다른 쪽에는 노동과 투쟁이 부여되는 방법으로 분리될 수 있다는 데 그 원인이 있다. 소유권과 법은 두 개의 얼굴을 지닌 야누스의 머리와 같다. 즉 그것은 어떤 사람들에게는 한쪽만을, 다른 사람들에게는 다른 한쪽만을 돌린다. 그러므로 그 머리의 두 부분을 받아들이는 상(像)은 사람에 따라 완전히 다른 것이다. 법에 관련시켜 생각해 볼 때 이것은 각 개인에게뿐만 아니라 모든 시대에 적용되는 사실이다. 한 개인의 생활은 평화로 나타나기도 한다. 그래서 개인과 마찬가지로 민족 전체가 이와 같은 양면성의 분리에서 오는 서로 다른 점 때문에 동일한 착각에 빠질 수도 있다. 오랜 기간에 걸친 평화를 누림으로써 영원하리라는 평화에 대한 신앙은, 최초의 포성

(砲聲)이 그 아름다운 꿈을 산산조각으로 만들 때까지 찬란하게 피어 있다. 그러나 그 다음에는 별 어려움 없이 평화를 누렸던 세대 대신 전쟁의 고된 작업을 통해서 평화를 다시 이루어야 하는 다른 세대가 등장하는 것이다. 노동과 향락은 그와 같은 방법으로 소유권과 법에 있어서도 분배된다.

그래서 평화를 누리며 살다가 평화 속에서 죽어가는 사람을 위해서 다른 사람은 일하고 싸워야만 하는 것이다. 투쟁이 없는 평화나 노동 없는 향락은 에덴 동산의 시대에나 속하는 것이다. 역사는 이 양자를 끊임없는 노력의 결과로서만 알고 있다.

투쟁이 권리를 위한 노동이라는 의미에서 투쟁의 민족적 가치는 물론 그것의 실질적 필요성을 고려할 때 그것은 또한 소유권에 대한 노동의 관계와 동일시될 수 있다는 생각에서 나는 계속해서 다음과 같은 견해를 피력하고자 한다. 나는 이것이 쓸데없는 짓이라고는 생각하지 않는다. 오히려 우리의 이론이 단순히 법철학에서뿐만 아니라 실증법에서도 마찬가지로 태만죄를 저지른 과오를 다시 보상하려는 것이다. 우리의 이론을 자세히 눈여겨보면, 아직까지도 정의의 여신의 검에 대해서보다는 저울판에 더 많은 관심을 갖고 있다는 것을 인식하게 된다. 즉 순수과학의 입장, 요컨대 법을 힘의 개념으로서, 그것의 실질적인 측면보다는 오히려 추상적인 법규 체계로서 논리적인 측면을 더 강조하는 입장에서 법을 평가하도록 하는 편파성은 법의 전체적인 파악에 극히 비현실적인 방법으로 영향을 주고 있다고 나는 생각한다.

법이라는 용어는 흔히 두 가지 뜻으로 사용된다. 즉 객관적이고 주관적인 의미가 그것이다. 객관적인 의미의 법은 국가가 맡아서 주관하는 생활의 법적 질서로서 모든 법규의 총괄개념이며, 주관적인 의미의 법은 추상적 규범을 구체적인 개인의 권리로 지향함으로써 실제화된다. 그런데 법은 위의 두 가지 방향에서 동시에 저항을 받음으로 그 저항을 이 두 가지 방향에서 모두 물리쳐야만 한다. 다시 말해서 법은 자기의 존재를 투쟁과정 속에서 획득하거나 주장해야 한다. 나는 내가 고찰하고자 하는 본래 대상으로서 두번째 방향을 선택했다. 그러나 내가 중단해서는 안될 것은 투쟁이 법의 본질 속에 있다는 내 주장을 첫번째 방향에서도 역시 증명해 보이는 것이다.

논쟁의 여지가 없기 때문에 더 이상 설명이 필요

없는 것은 국가에 의한 법실현의 문제다. 즉 국가에 의해서 법질서가 철저하게 유지된다는 것은 이를 침해하는 불법성에 대항하는 끊임없는 투쟁이 상존함을 뜻한다. 그러나 그것은 법의 성립에 관계되는 한 다른 상태로 나타난다. 즉 그것은 역사 시초에서의 법의 단순한 원시적 성립뿐만이 아니라, 매일 우리 눈앞에서 되풀이되는 법 개정이나 현존하는 제도의 지양, 새로운 법규로써 기존의 법규를 대치하는 행위 등 요약하자면 법의 발전과는 다른 것이다. 그러므로 나는 여기에서 역시 법의 생성과정을 모든 법 존재의 토대가 되는 동일한 법칙에서 생각해 보는 한 가지 견해와, 그것과는 대조적으로 적어도 우리의 로마법적 학풍에서 볼 때 현재까지도 보편적인 승인을 받고 있는 또 하나의 다른 견해에 관해 내 의견을 피력하고자 한다. 그런데 나는 로마법적 학풍의 이론을 주동적인 그 이론의 두 대표자의 이름을 따서 간단하게 '법의 설립에 관한 사비니[1]와 푸흐타[2]이론'이라 표시하고자 한다.

이들 두 대표자의 이론에 의하면 법의 형성은 우

---

1) Friedrich Karl von Savigny : 1779~1861. 독일의 법학자. 역사법학의 수립자.
2) Georg Friedrich Puchta : 1798~1846. 독일의 법학자

리가 모르는 사이에 아무런 고통도 없이 마치 언어의 형성에서와 같이 소리없이 이루어진다는 것이며, 그것은 아무런 노력도 아무런 투쟁도 필요로 하지 않을 뿐만 아니라 탐구할 필요도 없다는 것이다. 그것은 무리한 노력을 하지 않아도 천천히, 그러나 확실해지는 스스로의 진리의 힘이며, 인간의 심정이 자연스럽게 계발되어 행위로써 표현되는 확신의 힘이다. 이와 마찬가지로 하나의 새로운 법규도 언어의 규칙처럼 손쉽게 생겨난다. 채권자가 지불 능력이 없는 채무자를 국외에 노예로 매매할 수 있거나, 또는 본래의 소유자가 자기의 물건을 발견하면 그것을 마음대로 빼앗을 수 있다는 고대 로마의 법규정은 이와 같은 견해에 따르면 라틴어의 '와'라는 뜻을 가진 전치사 cum이 명사의 제6격(Ablativ)을 요구하는 규칙과 거의 비슷하게 자동적으로 형성되었다고 보는 견해라 할 수 있다. 이것이 내가 그 당시 대학을 졸업한 뒤에도 수년 동안 계속해서 영향받았던 법의 성립에 관한 내 생각이었다.

　그러면 이와 같은 생각에 대한 진실성 문제는 어떠할까? 우리는 사실 법도 역시 통상적인 표현을 사용하면 내부로부터 우러나오는 자연발생적이고 무의식적인 유기적 발전체라는 것을 시인해야 한다. 이

유기적 발전체에는 법률행위의 일률적인 차단으로부터 점차 개선된 모든 법규뿐만 아니라, 학문이 기존의 법으로부터 분석을 통해서 해명하고 의식으로까지 이끌어올리는 모든 개념과 결론, 규칙들이 속한다. 그러나 이러한 두 요인, 즉 협상과 과학, 두 요인의 힘은 한정되어 있다. 그 힘은 현존의 통로 내에서 법의 움직임을 조정하고 촉진시킬 수는 있다. 그러나 그 힘은 새로운 방향을 취하려는 강물을 막고 있는 제방을 파괴할 수는 없다. 그것은 오직 법만이, 다시 말해서 이와 같은 목적을 위해서 의도된 국가권력만이 할 수 있는 것이다. 그러므로 소송과 실체법(實體法)의 모든 유력한 개정이 성문법규(成文法規)에 따른다는 것은 우연이 아니고 법의 본질 속에 깊이 뿌리박힌 필연성이다. 물론 성문법규가 현행법에 미치는 변경은 그 영향을 지금까지 현행법을 기초로 해서 형성된 구체적인 모든 관계 영역에까지 확대시키지 않고 가능한 한 추상적인 개념의 부분에만 한정시킬 수도 있다. 그러나 그것은 망가진 나사못이나 기타 조그마한 부품을 좀더 완전한 것으로 갈아넣는 법이라는 기계의 간단한 수선에 불과한 것이다. 그런데 경우에 따라서는 이와 같은 법 개정이 현존하는 법이나 개인의 이해관계에 지극히 예민한 간섭으로 이루어질 수도 있다는 것을 우리는 흔히 경험한다. 사실 수많은 개인이나 모든 계급의 이해관계가 세월의 흐름과 함께 현행법과 밀접히 연관되기 때문에 이들 개인이나 계급이 추구하는 이해를 위와 같은, 극히 예민한 방법으로 침해하지 않고서는 법 개정이 불가능한 것이다. 즉 법규나 제도 자체에 의문을 던진다는 것은 이러한 이해관계에 대해 선전포고를 하는 것이며 수천 개의 발로 밀착되어 있는 해파리를 떼어내는 것과 같다. 그러므로 이러한 종류의 모든 시도는 자기보존을 위한 자연적인 충동으로써 이익을 침해당하는 자들의 강한 반항을 받게 되어 결과적으로 투쟁을 야기시킨다. 그런데 여기서는 모든 종류의 싸움이 그런 것처럼 투쟁의 원인보다는 상호대립하는 여러 힘의 세력관계가 승패를 결정하는 것이다. 그래서 힘의 평행사변형과 같은 결과를 초래하는 경우가 가끔 있다. 다시 말해서 본래의 노선에서 대각선으로 방향을 바꾸는 것이라 할 수 있다. 왜냐하면 이미 오래전 여론에 의해서 사형선고를 받은 제도가 아직도 오랫동안 그의 생명을 유지할 수 있다는 것은 위에 기술한 바와 같은 관계에서만 설명될 수 있기 때문이다. 즉 이러한 제도의 생명을 보존케 하는 것은 제도에 내재하는 역사적 타성(惰性)의 끈기력이 아니라, 그 제도를 존속시킬 것을 주장하는 여러 이익의 저항력이다.

그런데 현행법이 이와 같은 이익에 의해서 지탱되는 모든 경우 문제의 발단을 강요하기 위해서라도 신법(新法)을 주장하는 투쟁이 필요한데, 경우에 따라서 이와 같은 투쟁은 몇 세기를 필요로 할 수도 있다. 뿐만 아니라 이러한 투쟁은 이들 여러 이익이 기득권을 소유한 형태로 나타날 때 가장 격렬해진다. 여기서는 각기 법의 신성성(神聖性)을 슬로건으로 내세우는 두 파가 상호 대립한다. 그 한편은 역사적인 법, 즉 전통적인 과거의 법의 신성성을 주장하고, 다른 한편은 영원히 생성함으로써 젊어지는 법, 즉 항상 새로운 생성으로 지향되는 인류원권(人類原權)의 신성성을 주장한다.

그런데 이와 같은 상호대립 상태는 자신의 모든 힘과 존재를 자신의 신념을 위해서 바쳤지만 마침내는 역사적인 신의 재량에 굴복함으로써 비극성을 띠는 법이념의 갈등을 스스로 야기시키는 것이다. 법의 역사가 보여 주는 모든 위대한 업적, 즉 노예와 농노제도의 폐지, 토지소유권과 상업 및 신앙의 자유 등은 격렬한, 때로는 수세기 동안 계속된 투쟁을 통해서만 비로소 획득될 수 있었던 것이다. 그래서

유혈의 참사가, 또한 도처에서 유린된 권리가 법이
걸어 온 발자취를 보여 주는 경우가 드물지 않다.
왜냐하면 "법은 자기 자식을 잡아먹는 사탄이기 때
문이다. 즉 법은 스스로의 과거를 청산함으로써만
젊어질 수 있기 때문이다." 일단 성립되었기 때문에
영원히 무한정으로 계속되기를 요구하는 구체적인
법은 마치 자기를 낳아 준 엄마에게 팔을 내저으며
대항하는 어린애와 같다. 즉 그것은 법 이념에 의지
하면서 오히려 그것을 헐뜯음으로써 모욕하는 것이
다. 왜냐하면 법 이념은 영원한 생성이지만 이미 생
성된 것은 새롭게 생성되는 것에 자리를 제공해야
하기 때문이다. 그 이유는 다음과 같다.

형성된 모든 것은 그것이 파괴되기 때문에
가치가 있다.

이와 같이 법은 법의 역사적 항쟁 속에서 탐구와
투쟁의 모습을, 간단히 말해서 고된 노력의 모습을
우리들 눈앞에 생생하게 그려낸다. 언어의 형성에
법의 창조성을 무의식적으로 발휘하는 인간정신은
어떠한 강압적인 저항에도 대항할 수 있는데, 그에
있어서 자신의 과거를, 즉 지배의 속성을 극복한다

는 것은 최대의 적을 이기는 것이다. 그런데 목적개념으로서의 법은 인간의 여러 목적과 노력, 관심의 혼란한 상황에 휩쓸릴지라도 정당한 길을 발견하기 위해 끊임없이 사색하고 탐구해야 한다. 그래서 일단 옳은 길을 찾았을 때는 자기의 길을 스스로 막는 적대감을 버릴 줄 아는 아량이 있어야 한다. 이러한 발전과정 자체가 예술이나 언어에서 볼 수 있는 바와 같이 규칙적이고 조화 있는 것이라는 사실은 의심할 여지가 없다 하더라도 그것이 진행되어 가는 방법과 형태는 예술이나 언어 발전과정에서 볼 수 있는 것과는 매우 대조적이다.

그러므로 우리는 이와 같은 의미에서 법의 발전과정을 언어나 예술의 발전과정과 유사한 차원에서 설명하는 사비니의 주장이 순식간에 일반적으로 승인되는 것을 강력히 배격해야 한다. 이론적인 견해에서 볼 때는 잘못되었으나 위험성이 없는 그의 이론은 정치적 원리로서는 우리가 생각할 수 있는 가장 잘못된 학설의 한 가지를 내포하고 있다. 왜냐하면 그 이론은, 인간이 충분하고 분명한 목적의식과 그의 전력을 경주해서 최선을 다해야 할 경우에도 수수방관한 채로 법의 원천, 즉 국민적인 법의 신념으로부터 점차 세상에 나타나는 것을 막연히 기대해 봄으로써 세상만사는 저절로 해결된다는 식으로 인간을 잘못 인도하기 때문이다. 여기에 사비니의 모든 제자들이 입법에 대한 간섭을 혐오하는 이유가 있고, 또한 푸흐타의 관습법 이론에서 관습의 참된 의의가 오해되는 이유가 있는 것이다.

관습은 푸흐타에 의하면 법적 신념의 단순한 인식 수단에 불과한 것이다. 즉 이 신념은, 법은 행위를 통해서 비로소 스스로 형성되면 행위에 의해서 비로소 인간을 지배할 자기의 힘, 따라서 자기의 임무를 확보한다는 것을 —— 요약해서 관습법에서도 법은 힘의 개념이라는 명제가 해당된다는 것 —— 피력함으로써 이 점에서는 뛰어난 사람의 안목도 가리워져 있었던 것이다. 이것으로써 그는 다만 그 시대 유행의 조류에 보조를 맞추었음이 드러난 것이다. 돌이켜 보건대 그 당시는 우리 나라의 문학사적인 측면에서 볼 때 낭만파 시대였으며, 낭만적인 관념을 법학에도 거리낌없이 전용(轉用)함으로써 이 두 영역의 상호 유사한 방향성을 비교하고자 노력했던 사람들을 낭만파라 부를 수 있다고 주장해도 역사학파는 감히 비난하지는 못할 것이다.

법이 아무런 고통이나 노력도 없이 마치 들에 난 풀처럼 생긴다고 생각하는 것은 과거의 상태를 이상

화하는 잘못된, 정말로 낭만적인 견해인 것이다. 그러나 가혹한 현실은 그 반대를 우리에게 가르쳐 준다. 그것은 우리들 자신이 현재 눈앞에 보고 있고, 또 오늘은 많은 민족의 용감한 투쟁상이 거의 도처에서 우리에게 보여주는 바와 같은 현실의 조그마한 부분만이 아니라 우리가 과거로 눈길을 돌리기만 하면 언제나 볼 수 있는 현상인 것이다. 그러면 사비니의 이론이 우리에게 모든 실질적인 자료를 제공치 못하고 있는 선사시대에 관해 고찰해 보자.

그는 이 시대를 가리켜 민족신념의 내부로부터 법이 아무 고통 없이 평온하게 형성된 무대라고 말했다. 그러나 만약 이 선사시대에 관한 내 추측을 발표할 기회가 나에게 허용된다면 나는 그의 견해에 정반대되는 설을 대립시키고자 한다. 이렇게 되면 사람들은 내 주장이 적어도 우리가 접할 수 있는 법의 역사적 발전에 알맞다는 것을 승인할 것이다.

선사시대! 우리는 흔히 이 시대를 진실, 공정, 순박, 경건한 신앙 등 모든 아름다운 말로써 수식하는 경향이 있는데, 이것이 옳다면 법은 법적 신념 이외에 아무런 추진력이 없었더라도 발전할 수 있었을 것이다. 즉 주먹도 칼도 필요치 않았을 것이다. 그러나 오늘날에는 경건했다고 생각되는 이 시대가 정반대로 조잡, 잔인, 냉혹, 교활이라는 특징으로 지배되었다는 사실을 많은 사람이 알고 있다. 그러므로 이 시대가 그 후 어느 시대보다는 손쉽게 법을 획득할 수 있었을 것이라는 추측은 실로 믿기 어렵다.

나는 다음과 같이 확신한다. 이 시대가 법을 획득하기 위해서 지불해야만 했던 노고는 지금보다 오히려 더욱 치열했을 것이라고. 예를 들면 자기 물건을 모든 점유자로부터 탈취하는 소유권의 권능(權能)이나 지불능력이 없는 채무자를 국외에 노예로 팔아버리는 채권자의 권능에서 볼 수 있는 바와 같이, 고대 로마법 중에는 이와 같은 가장 간단한 법규까지도 치열한 투쟁을 통해서만이 획득될 수 있었고, 그럼으로써 비로소 일반의 승인을 얻을 수 있었다. 우리는 고대사회에 관해 알고자 하지 않는다. 기록의 역사가 법의 성립에 관해 우리에게 알려 주는 자료로 충분하다.

그런데 이 자료에 의하면 법의 탄생은 인간이 태어날 때와 마찬가지로 한결같이 강한 진통을 수반했다는 것이다. 그렇다고 해서 우리는 그것을 슬퍼해야만 하겠는가? 법의 고통 속에서 국민에게 주어지고, 법을 위해 그들이 분투하고, 논쟁하고, 싸우며 피를 흘려야만 한다는 상태가 바로 출생시에 어머니와 자식의 생명이 하나로 되는 것과 같은 동일한 내적 유대로 국민과 법 사이를 묶어준다.

아무 노력 없이 획득한 법은 황새(갓난 아기를 데려온다고 함)가 데려온 자식과 같다. 황새가 데려온 것은 여우나 또는 독수리가 다시 채어갈 수도 있다. 그러나 자식을 낳은 어머니는 그 자식을 채어 가도록 내버려두지는 않았다. 마찬가지로 한 민족은 피나는 노력으로써 쟁취할 수 있었던 법이나 제도를 빼앗기도록 내버려두지 않는다. 그러므로 우리는 곧바로 다음과 같이 주장해도 무난할 것이다. 즉 한 민족이 그들의 법에 애착을 가져 그것을 주장하는 사랑의 힘은 그 법을 얻기 위해 바친 노력과 고통의 정도에 따라 정해진다고. 민족과 법 사이를 이어 주는 가장 견고한 유대는 단순한 관습이 아니라 희생인 것이다.

신은 그가 사랑하는 민족에게 그 민족이 필요로 하는 것을 내려주지도 않고 그 민족이 목적을 위해 바치는 노력을 감해주지도 않았다. 오히려 신은 이것을 가중시키는 것이다. 이와 같은 의미에서 나는 다음과 같이 말하는 것을 주저치 않았다. 즉 탄생을 위해 법이 요구하는 투쟁은 저주가 아니고 축복이라고 말이다.

2. 권리추구자의 권리주장은
그 자신의 인격 주장이다

나는 지금부터 주관적인 또는 구체적인 법을 위한 투쟁에 관해 이야기하고자 한다. 이 투쟁은 주관적인 법이나 구체적인 법이 침해당하거나 유보될 때 일어나는 것이다. 그런데 개인의 권리든 민족의 권리든 간에 어떠한 권리도 이와 같은 위험으로부터 보호되지 못하기 때문에 —— 왜냐하면 자신의 권리를 옹호할 줄 아는 권리자의 이해관계에는 항상 그것을 경시하는 다른 사람의 이해가 상호 대립하므로 —— 이 투쟁은 아래로는 사법(私法)이라는 낮은 차원에서부터 위로는 국법과 국제법이라는 고차원에 이르기까지 모든 영역에서 되풀이되는 결과를 초래한다.

침해된 권리의 국제법상 옹호는 전쟁의 형태에서 국가권력에 의한 자의적인 행위나 헌법의 침해에 대한 국민의 저항은 폭동이나 혁명의 형태로, 개인 권리의 치열한 실현은 중세에서 볼 수 있는 바와 같은 이른바 린치나 결투의 권리형태로 나타나는데 그것들의 마지막 잔재가 오늘날의 형태인 것이다.

즉 정당방위의 형태에서 자신을 보호하는 결투와 마침내는 민사소송의 형태에서 자기의 권리를 주장하는 조화된 방법으로 나타난다. 그런데 이들 모든 투쟁형태는 그 대상과 방법 및 차원이 다르다 할지라도 권리를 위한 투쟁이라는 같은 목적을 가지고 있다. 내가 여기서 이와 같은 모든 투쟁방법 중에서 가장 이성적인 것으로써 소송에 의해서 개인의 권리를 위한 합법적인 투쟁방식을 취할 것을 역설한다면 그와 같은 투쟁방법이 법률가인 나에게 가장 바람직한 것으로 여겨지기 때문이 아니라, 그러한 투쟁 속에 법률가나 법률가 아닌 사람의 입장에서 볼 때 사건의 진상을 잘못 인식할 수 있는 최대의 위험이 도사리고 있기 때문이다. 그 외의 다른 모든 경우에서는 사건의 진상이 공개적으로 아주 분명하게 나타난다. 이와 같이 사건의 진상이 명확한 경우에 자기의 이익을 위해서 최대의 노력을 경주해도 좋다는 것은 바보라도 파악할 수 있다. 그러므로 여기서는 누구도 그들이 무엇 때문에 싸우며 왜 차라리 양보하고 물러나지 않느냐고 묻지 않았다.

그러나 사법상의 투쟁에서는 사정이 전혀 다르다. 즉 투쟁이 문제삼는 관심의 상대적인 경미성이 그것인데, 다시 말해서 일단 형성되면 말살되지 않는 네 것과 내 것이라는 재산의 귀속문제는 투쟁을 겉으로는 완전히 무의미한 계산과 인생관 때문이라고 생각케 하며, 투쟁이 이루어지는 형태와 이들 형태의 기동성 내지 인격의 모든 자유로운 힘의 발휘를 봉쇄함으로써 불리한 인상을 완화시키기 위해서는 적당치 않다는 것이다. 물론 이 투쟁에서도 인격 문제를 이슈로 내세움으로써 투쟁의 참다운 의미가 전면에 나타났던 시대도 있었다. 재산의 귀속문제에 관한 논쟁을 검투(劍鬪)로 결정하던 때나 중세의 기사가 적대자에게 결투를 신청할 때 중립자도 그 싸움에서는 금전의 손실을 막기 위해 물질적인 가치만이 문제되는 것이 아니라, 자기의 권리와 명예를 소중히 여기고 주장하는 인격 문제도 무시될 수 없다는 것을 명백히 알 수 있었다.

그렇지만 오늘날 그 형태는 달라졌다고 할 수 있으나 사실 자체는 당시와 조금도 다름이 없다는 것을 설명하기 위해 이미 오래 전에 사라진 상황들을 새삼스럽게 상기시킬 필요는 없을 것이다. 그러나 현재 우리 생활에 나타나고 있는 여러 현상들을 한 번 살펴보면서 심리적인 내적 성찰을 해 보는 것은 우리에게 동일한 효과를 줄 것이다.

　권리를 침해당했을 때 어떠한 권리자든 다음과 같은 문제에 봉착하게 된다. 즉 그들이 권리를 주장해야 할지, 적대자에게 저항해야 할지, 혹은 투쟁해야 할지, 그렇지 않으면 싸움을 피하기 위하여 권리를 포기해야 할지의 문제다. 여하튼 누구도 이와 같은 결심을 그로부터 빼앗을 수는 없다. 그런데 그 결심이 어떻게 내려지든 두 가지 경우 모두 희생이 따른다.

　한 경우는 권리가 평화에, 다른 경우는 평화가 권리에 희생된다. 이러한 관계에서 볼 때 문제는 사람이 처해 있는 개인적인 사정에 따라 어느 것이 더 참을 만한 희생인가 하는 것으로 집중된다.

　부유한 사람은 평화를 위해서 그에게는 그다지 중요하지 않은 분쟁액(紛爭額)을 걸 것이며, 가난한 사람은 그 액수가 비교적 중요하기 때문에 평화를 걸 것이다. 이와 같이 권리를 위한 투쟁 문제는 어떤 결심을 하기 위해 양편의 장점과 단점을 서로 저울질해봐야만 하는 순수한 계산문제로 변한다. 그러나 이와 같은 사실이 현실에서는 전혀 다른 경우로 나타난다는 것을 누구나 알고 있다.

우리의 일상 경험은 투쟁대상의 가치적 측면에서 볼 때 그것을 획득하기 위해 바친 노고와 흥분, 희생과는 비교도 안 되는 소송이 있다는 것을 보여 준다. 동전 한 닢을 깊은 물 속에 빠뜨렸다고 할 때 그 동전을 다시 손에 넣기 위해 동전 두 닢을 투자하는 사람은 하나도 없다. 그것을 찾기 위해 얼마를 사용해야 할 것인가의 문제는 그에게는 순전히 계산문제다. 그러면 왜 그는 소송에서 그와 같은 계산문제를 적용하지 않는가? 그것은 그가 소송에서 이길 것을 계산하고, 소송 비용이 상대방 부담으로 해결될 것을 기대하기 때문이라고 생각하는 사람은 아무도 없다. 변호사는 승소(勝訴)하기 위해서는 비싼 대가를 치뤄야 할 것이라고 생각되는 사건들이 많은 사람들에 의해서 제소(提訴)되고 있다는 것을 안다. 승소 여부가 불확실함을 제소자들에게 알리고 소송을 취하할 것을 권고하는 변호사는 "나는 소송할 것을 굳게 결심했다. 비용은 얼마든지 들어도 괜찮다"는 대답을 너무나 자주 듣는다. 그러면 우리는 이해타산의 관점에서 볼 때 전혀 불합리한 이와 같은 행동양식을 어떻게 설명할 수 있겠는가?

이러한 질문을 던졌을 때 우리가 흔히 들을 수 있는 대답은 다음과 같다.

즉 그것은 소송욕구와 권리욕구 내지 분쟁을 좋아하는 몹쓸 해악이며, 자신의 양심에 비추어 볼 때 마찬가지로 비싼, 아마도 상대편보다도 더 값비싼 희생을 필요로 하는 불만을 상대방에게서 해소하려는 욕망에 불과하다는 것이다.

사적인 권리투쟁을 벌이는 두 사람의 경우를 일단 이 정도로 끝내고 이들 대신 두 민족의 경우를 한 번 생각해 보자. 한 민족이 다른 민족으로부터 불법적으로 1평방마일의 보잘것 없는 황폐한 땅을 빼앗았다고 하자. 그러면 땅을 빼앗긴 민족은 당연히 전쟁을 해야만 하는가? 이 문제를 우리는 이웃이 자기의 땅 몇 평을 불법으로 경작했다거나 자기 밭으로 몇 개의 돌이 던져졌을 때, 그 농부에 대해 판단하는 것과 꼭 같은 입장에서 관찰해 보자. 1평방마일의 황무지가 수천의 생명이 희생되고 오두막집이건 화려한 궁궐이건 근심과 비참이 가득하고, 수백만 내지 수억의 국고가 손실되며 경우에 따라서는 국가의 존립마저도 위협당하는 전쟁에 비해 도대체 무슨

의의가 있단 말인가! 그와 같이 하잘것없는 전쟁의 대가를 위해서 그러한 희생을 치른다는 것은 얼마나 어리석은 짓인가!

농부와 민족을 꼭 같은 척도로 측정한다면 위와 같은 판단이 내려져야만 할 것이다. 그럼에도 불구하고 누구도 농부에게서와 꼭 같은 권고를 민족에게 하지는 않을 것이다. 누구를 막론하고 그와 같은 권리의 침해를 묵과하는 민족은 스스로의 사형선고에 도장을 찍고 있다고 느낄 것이다. 아무 저항도 없이 이웃으로부터 1평방마일의 자기 땅을 빼앗기는 민족은 어느 때든지 나머지 땅도 빼앗기게 되어 마침내는 자기 것이라고 주장할 수 있는 땅이 없기 때문에 결국 하나의 국가로서 존속하는 것이 불가능할 것이다. 그러므로 그러한 민족은 매우 불행한 운명을 타고났다고 할 수밖에 없다.

그런데 어떤 민족이든 가치 문제를 떠나서 1평방마일의 땅 때문일지라도 자기를 방어할 줄 알아야 한다면 왜 농부는 한 이랑의 땅 때문에 투쟁할 수 없단 말인가? 그렇지 않으면 우리는 '주피터에게 허용되는 것은 소〔牛〕에게는 허용되지 않는다(Quod licet Jovi, non licet bovi)' 라는 격언에 따라 농부를 방면(放免)해야 할 것인가? 아니다. 민족이 1평방마일의 땅 때문이 아니라 민족 자체를 위해서, 즉 민족의 명예와 독립을 위해서 싸우는 것처럼 기소인(起訴人)이 법에 대한 경시 풍조를 배제하기 위해 분투하는 소송에서도, 문제는 하찮은 논쟁 대상이 아니라 인격 자체와 그 인격의 법감정 주장이라는 이상적 목표가 중요시되는 것이다.

이와 같은 목표에 대해 권리자의 눈에는 소송이 수반하는 모든 희생과 불쾌감 따위는 그다지 문제되지 않는다. 요컨대 목적이 수단을 보장하는 것이다. 침해자에게 제소하도록 충동하는 것은 무미건조한 금전에의 관심이 아니라 침해받은 불법에 대한 정신적인 고통인 것이다. 그러므로 그에게 문제가 되는 것은 투쟁 대상의 재획득만이 아니라 이런 경우 흔히 참다운 소송동기를 확신시키려는 목적에서 이루어지고 있는 것처럼 그는 아마도 처음부터 투쟁 대상을 빈민구제원(貧民救濟院)에 희사했을 것이지만 자기의 정당한 권리를 관철하는 것이다.

내면의 소리는 그에게 속삭인다. "너는 뒤로 물러서서는 안 된다. 왜냐하면 여기서 중요한 것은 가치 없는 투쟁대상이 아니라 자신의 인격과 명예, 법감정이며 자기존중이기 때문이다"고. 요약하면 그 소송은 그에게는 단순한 이해의 문제로부터 인격 문제로 발전하는 것이다. 그래서 결국에는 인격의 주장이냐 포기냐가 문제시된다.

그러나 우리가 경험한 바에 의하면 많은 사람들이 그러한 경우 전혀 반대로 결정한다는 것이다. 그들에게는 애써 주장하는 권리보다는 평화가 보다 소중하게 여겨지는 것이다. 그러면 우리는 그것에 대해 어떤 판단을 내려야 할까? 그저 단순하게 다음과 같이 말해야 할까? 즉 "그것은 개인의 취미와 기질의 문제다. 어떤 사람은 분쟁을 더 좋아하고, 또 다른 사람은 평화를 더 좋아한다. 법의 입장에서 볼 때는 두 사람의 태도가 모두 정당하다. 왜냐하면 법은 자기 권리를 관철하느냐 포기하느냐의 선택문제를 당사자에게 위임하기 때문이다"라고.

우리의 생활에서 흔히 접하게 되는 이러한 견해를 나는 법의 내적인 본질에 모순되는 가장 혐오스런 견해라고 생각한다. 그러한 견해가 세계 어디에선가 일반화되었다고 가정할 때, 법은 파멸되고 말 것이다. 왜냐하면 법이 그의 존속을 위해 불법에 대한 용감한 저항을 필요로 함에도 불구하고, 그러한 견해에 대해 다음과 같은 원칙을 제시하고자 한다. 즉 인격 자체에 도전하는 비열한 불법에 대해서, 다시 말해서 실행방법에서의 권리의 경시는 물론, 인격모독의 성격을 띰으로써 권리를 침해하는 불법에 대한 저항은 의무다. 그와 같은 저항은 권리자의 자기 자신에 대한 의무다. 그 저항은 도덕적인 자기보존의 명령이며 사회에 대한 의무다. 왜냐하면 법이 실현되기 위해서는 저항이 필요하기 때문이다.

3. 권리를 위한 투쟁은
자기 자신에 대한 권리자의 의무다

자기존재의 주장은 살아 있는 모든 피조물의 최고 법칙이다. 모든 생물은 자기보존의 본능을 갖고 있다. 그런데 인간에게 중요한 것은 단순한 육체적 생존뿐만 아니라 동시에 정신적 생존인 것이며, 정신적인 생존조건 중의 하나가 바로 권리의 주장이다. 권리 속에서 인간은 그의 정신적인 생존조건을 보유하고 방어하는 것이다. 그와 같은 권리가 없다면 인간의 존엄성은 동물과 같은 수준으로 떨어질 것이다. 이것은 마치 로마인들이 추상적인 법의 입장에서 노예들을 동물과 같은 수준에서 다룬 것과 같다. 그러므로 권리의 주장은 자기보존의 정신적인 의무다. 오늘날에는 있을 수 없는 일이나 고대에는 가능했던 권리의 전적인 포기는 정신적인 자살인 것이다.

그런데 권리는 개개 구성부분을 합한 것에 불과하며 그들 개개의 구성부분은 각각 고유의 육체적인 또는 정신적인 존재조건을 갖는다.

예를 들면 결혼이나 또는 소유재산, 명예나 계약 같은 것 등을 언급할 수 있는데 이들 중 하나라도 포기하는 것은 마치 권리 전체에 대한 포기가 불가능한 것처럼 법률상 있을 수 없는 일이다. 그러나 가능한 것은 타인의 권리가 이들 생존조건 중의 하나를 공격하는 것이다. 이러한 경우 그 공격을 물리친다는 것은 권리자의 의무다. 왜냐하면 법이 이와 같은 생존조건을 단순히 추상적으로 보증한다는 것은 충분하지 않기 때문이다.

즉 그들의 생존조건은 권리자에 의해서 구체적으로 주장되어야만 한다.

그런데 이와 같은 계기를 만드는 것은 생존조건을 감히 침해하고자 하는 자의(恣意)인 것이다. 그러나 모든 불법이 자의는 아니다. 다시 말해서 법이념에 대한 반항을 의미하는 것은 아니다. 자기 스스로가 소유자라고 생각하는 자기 물건의 점유자는 자기 인격에의 소유권의 이념을 부인하지는 않는다.

  그는 그 물건을 오히려 자기 자신을 위해서 원할 뿐이다. 즉 우리들 둘 사이의 분쟁은 누가 소유자인가 하는 것이다. 그러나 도둑이나 강도의 경우 스스로 소유권 밖에 서서 자신의 소유권과 동시에 소유권 이념 자체를 부인하는 것이다. 그럼으로써 자신이 인격의 본질적인 생존조건을 부인한다. 만일 우리가 그들의 행동양식을 일반적인 것으로 생각한다면 소유권은 원칙적인 면에서나 실제적인 면에서 모두 부인될 것이다. 그러므로 그들의 행위는 내 물건에 대한 단순한 공격뿐만 아니라 내 인격에 대한 공격까지도 포함하고 있는 것이다.

  그래서 내 인격을 주장하는 것이 내 의무라 한다면 그와 같은 의무는 인격의 존립을 위해서 필요불가결한 생존조건의 주장에까지 확대되는 것이다. 이렇게 하여 피해자는 자기의 소유권에서 자기 자신과 인격을 방어하는 것이다. 그러나 예를 들면 강도가 피해자에게 돈 아니면 생명이라는 결정을 강요하는 경우에서는 소유권에 대한 주장이 생명의 유지라는 고차적인 의무와 갈등을 일으킬 때 소유권의 포기는 어쩔 수 없는 것이 된다. 이러한 경우를 제외하고는 자기 인격에 대한 권리의 모독을, 취할 수 있는 모든 수단을 사용해서 물리치는 것은 자기 자신에 대한 각자의 의무다. 그러한 모욕을 참음으로써 그는 자기 일생에서 한 순간이나마 무법상태를 승인하는 것이다. 그리고 말할 필요도 없이 누구도 이와 같은 상태를 조장해서는 안 된다.

그런데 자기 물건을 소유한 선의의 점유자에 대한 본래의 소유자 입장은 전혀 다르다.

여기서 그가 해결해야 할 문제는 자기의 법감정이나 성격, 인격에 대한 것이 아니라 하나의 순수한 이익문제인 것이다. 왜냐하면 이 경우에는 그 물건의 가치만이 문제되고 있기 때문이다. 그러므로 여기서는 그가 소송비용과 판결 결과의 이익관계를 고려해 봄으로로써 소송을 제기, 취하 또는 화해한다는 것은 완전히 정당화될 수 있다. 그런데 화해라는 것은 두 당사자가 취하는 확률계산의 일치라는 점에서 내가 여기서 가정한 전제에서 볼 때 그것은 분쟁해결의 한 방법인 동시에 가장 정당한 해결책이다. 그럼에도 불구하고 이들 양 당사자가 법정에서 변호사와 상담 중에 처음부터 일체의 화해 교섭을 거절함으로써 화해하지 못하고 싸움이 되풀이되는 경우를 흔히 보는데 이것은 분쟁당사자들이 모두 소송에서 자기가 이길 것이라 믿고 있다는 데 그 원인이 있을 뿐만 아니라 상대방에 고의적이고 불법적인 악의를 가지고 있다고 추측하는 데도 그 원인이 있다.

　그러므로 소송 문제가 형식으로는 객관적인 불법 때문에 제기된다 할지라도 심리적으로는 위의 경우와 꼭 같은 형태에서, 다시 말해서 상대방의 고의적인 권리침해라는 형태 때문에 취해지는 것이며, 이때 권리자가 자기 권리에 대한 도전을 배제하기 위해 취하는 강한 동기는 도둑에 대해 가졌던 꼭 같은 것으로 도덕적으로도 시인되는 것이다. 이와 같은 경우 소송의 비용, 결과, 승패의 부정확성 따위를 이유로 하여 당사자에게 위협을 가하려는 시도는 심리적인 실책인 것이다. 왜냐하면 이 문제는 당사자의 입장에서 볼 때 결코 이해관계의 문제가 아니고 상처받은 법감정의 문제이기 때문이다. 이와 같은 관계에서 당사자를 움직일 수 있는 유일한 길은 당사자가 믿고 있는 상대방에 대한 악의의 추측이다. 만약 이 추측을 배제시킬 수 있다면 당사자는 저항력을 약화시키고 이해(利害)의 관점에서 사건을 관찰하게 되어 화해가 가능해지는 것이다.

　흔히 볼 수 있는 일이지만 당사자가 선입감 때문에 이러한 모든 화해 시도에 대해 매우 완강히 저항한다는 것은 실제문제에 관여하는 법률가 누구에게나 잘 알려진 사실이다. 그러므로 내가 이 심리적으로 접근키 어려운 집요하게 불신하는 마음을 순전히 개인적인 것, 즉 인격의 우연적 성품에 기인하는 것이 아니라 주로 교양이나 직업의 일반적 차이에서 오는 것이라 주장한다 할지라도 위에서 말한 실제 법률가들로부터 어떤 반대도 받지 않을 것이라고 믿고 있다. 이 불신의 감정은 농민에게서 가장 강하게 나타난다. 그래서 때로는 농민에게서만이 있을 수 있다고 비난받는 소위 소송벽(訴訟癖)도 따지고 보면 결국 농민 고유의 요소, 즉 욕심이라고까지는 할 수 없으나 비교적 심한 소유욕과 불신감에 의한 것이다. 사실 농민만큼 자기 이익을 이해하고 자기 소유물에 대해 강한 애착을 갖는 사람도 없을 것이다. 그러면서도 농민만큼 소송문제에 전재산을 과감하게 거는 사람도 없다. 소유감, 이것이 바로 침해받는 고통을 더욱 절감케 하는 것이며 따라서 저항심을 더욱 격렬하게 불러일으키는 것이다.

이렇게 볼 때 농민의 소송벽은 불신감에 의해서 일어나는 소유관(所有觀)의 오산 바로 그것이다. 마치 연애와 비슷한 현상처럼 질투로 인해 얻고자 하는 것을 오히려 파괴함으로써 결국 총부리를 자기 스스로에게 돌리게 되는 것과 같은 오산인 것이다.

이상과 같은 내 논술에 대해 고대 로마법이 흥미

있는 확증을 제공해 준다. 여기서는 모든 권리투쟁
에 대해 상대편에 악의가 있다고만 생각하는 농민
의 불신감이 명확하게 법규 형식으로 제재받고 있
다. 어떠한 경우라도, 패소자는 상대방의 권리에
대해 취했던 반항적인 태도를 형벌에 의해 속죄해
야만 했다.

일단 격렬하게 전개된 법감정은 상대방의 소송에
대한 책임의 유무를 불문하고 어쨌든 권리에 대해
도전함으로써 서로 싸웠다는 사실 자체에 대해서 특
별한 배상을 요구하는 것이었다.

오늘날의 농민이 법률을 제정한다면 아마도 그것
은 고대 로마의 동일계급자(同一階級者)의 법률과 같
은 문구로 이루어질 것이다. 그러나 로마에도 문화
가 진보함에 따라 법의 불신은 두 종류의 불법, 즉
책임 있는 불법과 책임 없는 불법, 또는 주관적인
불법과 객관적인 불법(헤겔의 용어를 사용하면 포착되
지 않는 불법)이라는 정확한 구별을 세움으로써 원칙
적으로 극복되었다.

이 주관적 불법과 객관적 불법의 대립은 입법적으
로나 또는 학문적으로나 매우 중요한 의의를 갖는
다. 이것은 법이 정의의 입장에서 사물을 어떻게 관
찰하며 또 여기에 응해 불법의 차이와 효과를 어떻

게 추정하는가를 표현한다. 그러나 주체의 해석에 대해서는 즉 주체의 법감정이 자기에게 가해진 불법에 의해 어떻게 자극받느냐에 대해서는 이 대립은 어떠한 규준(規準)도 될 수 없다.

물론 특별한 사정이 있을 때는 다음과 같은 일도 생길 수 있다. 즉 법규상으로는 단순히 객관적 권리를 침해하는 것으로 생각되는 권리투쟁에 대해서도 권리자가 상대방에게 악의 또는 고의적인 불법이 있다고 추측하고 투쟁에 응하기 때문에 자기행위에 대한 충분한 이유를 가지게 되어 결국은 상대방에 대한 그의 판단이 그의 태도를 아주 정당하게 결정할 수도 있는 것이다.

예를 들어서 채무(債務)를 지고 있다는 사실을 알지 못했기 때문에 이 사실을 알고 난 후에야 비로소 변제(辨濟)하려 하는 내 채무자의 상속인에 대해서도 또 이와는 정반대로 철면피하게도 갚을 대금을 부인한다든지 무조건 반환을 거부한다든지 하는 채무자에 대해서도 법은 다 같이 나에게 대금반제청구소권(貸金返濟請求訴權, couditioex mutuo)을 부여하고 있다는 사실은 내가 쌍방의 처사를 전혀 다른 안목으로 파악하고 있기 때문에 이 문제에 대한 나 자신의 처리방법 결정에는 아무런 영향을 주지 못한다.

후자는 나에게 도둑과 같은 존재로서 그는 고의적으로 내 물건을 빼앗으려 하는 것이며, 그가 법에 반항하는 것은 고의적인 불법이다.

이와는 반대로 전자는 내 소유물의 선의의 점유자와 똑같은 입장에 있으며 그는, 채무자는 변제해야만 한다는 원칙을 부인하는 것은 물론 아니며, 다만 그 자신이 채무자라는 내 주장을 부인하는 것으로 내가 앞서 선의의 점유자에 관해 논술한 점은 그에게도 똑같이 적용된다. 그 경우라면 나는 화해해도 좋고 결과가 불확실하다고 생각될 때는 소송제기를 보류해도 좋다.

그러나 내 정당한 권리를 빼앗으려 하고, 소송에 대한 내 공포, 태만, 안일 등의 유약성을 약점으로 삼는 후자에 대해서는 아무리 많은 비용이 든다 해도 나는 나 자신의 권리를 찾아야 할 것이며 또 찾지 않을 수도 없는 것이다.

만약 내가 이 일을 하지 않는다면 분명히 이 권리를 포기할 뿐만 아니라 동시에 또한 권리 일반을 포기해 버리는 것이 된다.

나는 지금까지 내 논술에서 다음과 같은 항의가 있기를 기대한다. 즉 민중은 인격의 도덕적인 생존조건으로서 소유권에 대해 아는 바가 무엇인가라고. 정말 알고 있는가? 아니다. 모르고 있다. 그러나 민중이 소유권 자체에 대해 느끼는 것이 있느냐 없느냐 하는 것은 별개 문제다. 그러므로 나는 다음에 민중이 소유권에 대한 느낌을 조금이라도 가지고 있다는 것을 보여 주고자 한다. 민중은 육체적 생존조건으로서 신장(腎臟), 폐장, 간장에 대해 아는 바가 무엇인가? 그러나 폐에서 오는 아픔이나 신장 또는 간에서 오는 고통을 못 느끼는 사람은 하나도 없으며 이러한 장기(臟器)들의 고통이 보내는 경고를 누구나 다 이해하고 있다. 육체의 고통은 유기체 내의 장애물, 즉 반항세력의 출현을 예고하는 신호다.

다시 말해서 육체의 고통은 우리를 파괴하려는 위험에 대해 우리의 눈을 뜨게 한 뒤 그 고통 때문에 받게 되는 시련을 통해 고통에서 빨리 벗어나도록 우리를 강요한다. 경우가 고의적인 불법이나 자의가 야기시키는 정신적 고통도 해당된다.

그런데 이 문제에 관해서는 다음 장에서 자세히 논하겠지만 이와 같은 정신적 고통은, 권리침해의 형식과 대상에 대한 주관적 감수성의 차이에 따라 육체적 고통과 마찬가지로 정도의 차이는 있으나, 이미 완전히 무감각해지지는 않는, 다시 말해서 다만 사실상의 무권리 상태에 익숙할 뿐인 모든 사람에게 나타난다. 그래서 이것은 고통에 대한 감각 자체를 종결하기보다는 오히려 고통을 속수무책으로 참고만 있으므로 결국 파괴될 건강의 유지를 위해서 투쟁할 것을 요구한다. 그러므로 이것은 마치 육체적 고통이 육체적 자기보존을 위해서 어떤 경고를 보내는 것 같은, 정신적 자기보존의 의무에 대한 경고인 것이다.

명예감이 극도로 발달함으로써 명예훼손에 대해서 가장 민감하게 반응하는 계급, 즉 사관계급의 경우를 예로 설명해 보자. 명예에 대한 모욕을 너그럽게 참고 넘기는 사관은 이미 사관으로 자격이 없다. 무엇 때문인가?

명예 주장은 모든 사람의 의무다. 그러면 왜 사관계급은 까다롭게 이 의무 수행을 강조하는가? 그 이유는 인격의 과감한 주장이 바로 자기 지위 보존을 위해 없어서는 안 될 조건이며, 성격상 인격적 용기의 화신이어야 할 한 계급의 성원으로서 자기 자신을 희생시키지 않으려면 자기 동료의 비겁성을 참아서는 안 된다는 올바른 감정을 이 계급이 가지고 있기 때문이다.

여기에 대해서 아주 완강하게 자기의 소유권을 방

어하는 농민을 비교해 보자. 즉 왜 그는 같은 것을 자기 명예를 위해서 주장하지 않는가? 그 이유는 그도 사관의 경우와 마찬가지로 자기 특유의 생존조건에 대해서 그 나름대로의 올바른 감정을 가지고 있기 때문이다. 그의 직업은 그에게 용기를 요구하는 것이 아니라 노동을 요구한다. 그러므로 그가 향유하는 소유권이라는 것은 지난날 그가 이루어 놓은 노동의 현저한 결실에 불과한 것이다. 자기 땅을 제대로 경작하지 못하거나 또는 경솔하게 자기 재산을 낭비하는 게으른 농민은 마치 자기의 명예를 지키지 못하는 사관이 동료들에게서 멸시받는 것처럼 자기와 같은 계급 성원들로부터 천대받는다. 그런데 어떤 농민도 모욕을 받고도 격투를 하지 않았다고 해서 그 농민을 비난하지 않는 것은 마치 어떤 사관도 자기 동료가 집안 일에 능숙하지 않다고 해서 그를 비난하지 않는 것과 같다.

농민에게는 자기가 경작하는 토지와 자기가 기르는 가축이 그의 생존을 위한 기초다. 그러므로 자기 땅을 몇 평 갈아엎은 이웃에 대해서나 자기의 소〔牛〕값을 지불하지 않은 상인에 대해서 제 나름대로, 다시 말해서 최대의 힘을 다해서 행하는 소송 형식으로 마치 사관이 손에 칼을 쥐고 결정하는 것과 같은 권리를 위한 투쟁을 시작한다. 이들 양자는 다 같이 뒤에 올 결과에 대해서는 조금의 고려도 없이 투쟁을 위해서 자신을 희생하는 것이다. 그것은 그들의 숙명이다. 왜냐하면 그들은 그렇게 함으로써만 정신적 자기보존의 특유한 법칙에 따라갈 수 있기 때문이다. 만약 이들을 배심원석에 앉혀서 한 번은 사관에게 소유권의 침해에 대해서, 또 한 번은 농민에게 명예훼손에 대해서 판결을 내리게 하고 그 다음에는 이들의 역할을 바꾸게 하여 판결을 내리게 한다면 이 두 경우 판결은 얼마나 차이가 나겠는가?

소유권의 침해에 대해서 농민보다 더 엄격한 판결을 내리는 재판관이 없다는 것은 잘 알려진 사실이다. 비록 나 자신은 그 문제에 관해 아무런 경험이 없더라도, 어떤 농민으로부터 명예훼손에 대한 고소를 제기받은 재판관은 동일인이 소유권에 대한 소송을 제기했을 때보다 비교도 안 될 만큼 손쉽게 화해를 제의함으로써 사건을 해결할 수 있을 것이라고 나는 장담한다. 고대 로마의 농민은 따귀를 맞았을 때 25아스를 얻음으로써 만족했고, 만약 어떤 사람이 자기의 눈알을 뺐을 때는 그에게 허용된 대로 상대방으로부터 똑같이 눈알을 빼내는 대신 그와 협상함으로써 화해했다.

이와는 대조적으로 절도범을 현장에서 붙잡았을 때는 그를 노예로 하고 이에 반항할 경우 그를 죽여도 좋다는 권리를 법으로부터 요구했는데, 법은 농민의 이와 같은 요구를 허용했다. 말할 필요도 없이 전자의 경우는 그의 명예, 그의 신체가 중요한 원인이었고 후자의 경우는 그의 재산, 그의 소유권이 문제가 된 것이다.

세 번째로 나는 상인에 관한 예를 첨가하고자 한다.

사관에게는 명예가, 농민에게는 소유권이 중요시되는 것같이 상인에게는 신용이 중요시된다. 신용을 지킨다는 것은 상인에게는 사활이 걸린 문제다. 그러므로 그가 의무를 수행하는 데 게으름을 피운다고 비난하는 사람은 그를 인격적으로 모독한다거나 그의 재산을 훔치는 사람보다도 더 예민하게 그를 모독하는 것이다. 이것은 사관의 명예가, 그들의 채권자가 대금 지불을 기다려야만 하는 것에 손상되지 않고 비록 지불할 수 있는 재산을 가지고 있다 할지라도 가능한 한 지불을 늦추는 농민의 경우와는 완전히 다르다.

오늘날 새로운 법전들이 경솔하고 기만적인 파산의 범죄를 점차 상인과 그의 조력자들에게 제한하는 것은 상인의 이러한 특수적 지위에 상응하는 것이다.

내 마지막 논술의 목적은 법감정이 권리침해에 대한 예민한 성격을 단순히 계급 내에서 이해관계의 척도에 따라 측정함으로써 계급과 직업의 차이에 따라 각기 다른 민감성을 표명한다는 단순한 사실을 확인하는 데 있는 것이 아니다.

이 사실 자체는 오히려 이것이 수단이 됨으로써 절대적 의미를 갖는 진리, 즉 모든 권리자는 스스로 권리를 가짐으로써만 자기의 윤리적 생활을 방어할 수 있다는 원칙을 밝히고자 하는 것이다. 왜냐하면 위의 세 계급에서 볼 수 있었던 가장 심각한 법감정의 민감성이, 우리가 이들 세 계급의 특수한 생존조건을 인식할 수 있었던 바로 세 가지 점에서 나타난다는 상황은, 법감정에 대한 반응이 일반적인 사건처럼 단순히 기질이나 성격에서 오는 개인적인 동기에 의해서 결정되는 것이 아니고, 그 반응에는 동시에 윤리적인 동기가 작용한다는 것을 우리에게 보여주기 때문이다. 즉 계급이나 또는 개인의 생존목적을 위해서는 바로 이와 같은 법률제도가 필요불가결하다는 감정이 그것이다. 법감정이 권리침해에 대해 반응하는 힘의 정도는 개인이나 계급, 또는 민족이 법 일반 및 개개 제도의 의미를 자기의 특수한 생존

목적을 위해 감수하는 강도를 측정할 수 있는 확실한 척도라고 나는 생각한다. 이러한 원칙은 나에게서 하나의 보편적인 진리를 갖는다.

그것은 사법에서와 마찬가지로 공법에도 해당되는 원칙이다. 여러 계급이 그 존재 기초를 이루고 있는 모든 규제의 침해에 대해 나타내는 이 민감성은, 마찬가지로 여러 국가에서도 그 특수한 생존원리를 실현시키고 있다고 생각되는 제도에 대해 반복된다. 그 민감성에 따라서 국가가 이들 여러 제도에 대해 부여하고 있는 가치 측량기구는 형법이다. 여러 종류의 형·사법이 가지고 있는 관용과 엄격하면서도 현저한 차이는 대부분 존재조건 입장이 다르다는 데 근거를 둔다.

어떤 국가든지 그 국가 특유의 생존원리를 위협하는 범죄를 가장 엄격하게 처벌하고 있는 반면 그 외의 범죄에 대해서는 이와는 현저한 대조를 이룰 만큼 관대한 태도를 취하고 있는 것을 우리는 흔히 본다.

예를 들면 신의 통치를 받고 있다고 생각하는 국가에서는 신에 대한 모독이나 우상숭배를 사형에 준하는 중죄로 처벌하면서도 국경선의 이동과 같은 것은 단순한 경죄(輕罪)로 처벌한다(모세법). 그러나 이와는 반대로 농업국가는 후자를 극형으로 다스리고 있으면서도 신을 모독한 사람에 대해서는 지극히 관대한 형벌을 가하고 있다(고대 로마법).

상업국가는 통화위조를, 군사국가는 항명(抗命)을, 전제국가는 대역죄를, 공화국은 주권수립 운동을 각각 제일의 중죄로 취급할 것이다. 그러므로 모든 국가는 이상의 죄목에 대해서는 다른 범죄를 소추(訴追)하는 형식과는 완전히 다른 엄격성을 취하게 될 것이다.

요약하면 국가나 개인으로부터 발생하는 법감정의 반응은 그들의 특수한 생존조건이 직접 위협당하고 있다고 느끼는 곳에서 가장 강렬하게 나타난다는 것이다. 계급과 직업 특유의 여러 조건이 법의 특수한 규제에 보다 높은 의미를 부여하고, 그럼으로써 결과적으로 침해에 대한 법감정의 민감성을 향상시킬 수 있는 동시에 그와는 반대로 법감정의 민감성을 양자에게서 약화시킬 수도 있다.

최하층 피지배계급은 다른 계급과 같이 명예를 보존하고 함양시킬 수는 없다. 그들이 차지하는 사회적 지위는 자연히 굴종을 수반하는데, 이 계급에 소속되는 개인이 이 굴종상태에 대해 어떠한 반항을 시도하더라도 계급 자체가 이것을 참고 견디는 한에서는 아무런 효과도 없는 것이다. 즉 이러한 사회적 지위에 있는, 명예감이 대단히 강한 개인에게는 자기 요구를 자기 동료들 수준으로 낮추든지 그렇지 않으면 직업 자체를 포기하는 길밖에 다른 방법이 없다. 이러한 종류의 감정상태가 보편적이 될 때 비로소 각자가 그 힘을 승산 없는 투쟁에서 모두 소비하지 않고 동지들과 협력하여 계급의 명예를 향상시키기 위해 그 힘을 효과적으로 이용할 수 있는 희망이 보이는 것이다.

여기서 나는 단순히 명예의 주관적인 감정 향상만을 뜻하는 것이 아니라 다른 계급이나 입법측으로부터의 객관적인 승인도 뜻하는 것이다. 이러한 방향으로 피지배계급의 지위는 실로 괄목할 만한 진전을 본 것이다. 1세기 반을 거슬러 돌이켜본다면 이 계급의 현재 상태가 나머지 다른 계급에 해당되는 상태였던 것이다.

내가 위에서 명예에 관해 이야기한 것은 역시 소유권에 관해서도 해당된다. 소유권에 관한 민감성, 즉 정당한 소유감 —— 나는 이 말에서 영리심(營利心), 즉 돈과 재산의 추구를 뜻하는 것이 아니라 소유자의 씩씩한 마음을 표현한 것이다. 나는 위에서 소유권자의 가장 전형적인 대표로 농민을 이야기했는데, 그는 자기 소유물을 그것이 값진 대상이라는 이유 때문이 아니라, 그것이 바로 자기 것이라는 이유 때문에 방어하는 것이다 —— 도 역시 어떤 지역이 처해 있는 불건전한 상황이나 사정의 영향하에서는 약화될 수도 있다. 우리가 현재 살고 있는 장소가 그것에 대한 가장 적절한 증거를 제시하고 있다. 많은 사람들이 다음과 같이 말하는 것을 듣는다.

"내 소유물이 내 인격과 무슨 관계가 있는가? 그 물건은 나에게 생계와 영리, 향락 수단으로서 필요하다. 그러나 많은 돈을 번다는 것이 나에게는 윤리적 의무가 아닌 것과 마찬가지로 사소한 일 때문에 돈을 허비하고 내 평화를 방해하는 소송을 제기한다는 것 역시 윤리적 의무가 아니다.

재산의 정당한 법률적 주장에서 나를 이끄는 유일한 동기는 재산의 취득과 낭비에서 나를 규정하는 동일한 것, 즉 내 이익관계인 것이다. 그러므로 네 것이냐 내 것이냐를 가리는 소유의 귀속문제에 관한 소송은 순전히 이익문제다."

나는 이상과 같은 소유권에 관한 견해가 다만 건전한 소유감의 변질이라고 볼 수 있으며, 거기에 대한 이유를 소유권의 자연적 상태를 다른 각도에서 평가하는 데 있다고밖에 할 수 없다.

나는 그와 같은 견해에 대한 책임이 부(富)나 사

치에 있는 것이 아니라 —— 이 양자에게서 나는 민족의 법감정을 해치는 어떠한 위험도 보지 않는다 —— 영리생활의 비도덕성에 있다고 생각한다.

소유권의 역사적 원천과 도덕적 시인 근거는 노동이다. 여기서 나는 손과 팔만으로 하는 노동뿐만이 아니라 정신과 재능으로 하는 노동까지도 의미하는 것이며 노동산품(勞動産品)에 대한 권리를 노동자 자신에게서 뿐만이 아니라 또한 그의 상속인에게까지도 인정하는 것이다.

다시 말해서 나는 상속권에서 노동원칙의 불가피한 귀결을 발견한다. 왜냐하면 나는 노동자 자신이 향락하는 것을 단념하고 그것을 생전이건 사후건 다른 사람에게 양도하는 것을 우리가 방해해서는 안된다고 생각하기 때문이다. 노동과의 계속적인 결합을 통해서만이 소유권은 신선하고 건전하게 유지되며, 소유권이 계속해서 새로 발생되는 이 원천에서만이, 소유권이 인간에게 어떤 가치가 있는가 하는 것이 밑바닥까지 보일 정도로 명백하게 나타난다. 그러나 소유권이 그 원천으로부터 떨어져 있을수록, 그리고 손쉽게 또는 완전한 불로소득의 영역에까지 떠내려갈수록 그만큼 그 흐름은 혼탁해져서, 마침내는 투기와 주식사기의 진흙 속에서 그 본래 모습이

었던 모든 흔적을 잃어버린다. 이렇게 하여 소유권의 도덕적 이념의 모든 잔재가 상실된 장소에서는 소유권 방어라는 도덕적 의무의 감정문제는 물론 더 이상 이야기 대상이 되지 않는다.

즉 땀을 흘림으로써 빵을 벌어야만 하는 사람들 모두가 가지고 있는 절실한 소유감에 대해서는 아무런 이해도 없다.

이 문제에서 최악의 것은 유감스럽게도 이와 같은 이유로 해서 조성된 생활 분위기와 습관이 다른 사람들과의 접촉이 없었더라면 자연적으로 발생되지는 않았을 범위로 확대되어 전염되고 있다는 사실이다.

투기로써 취득한 백만금 부의 영향을 우리는 단칸방 안에서까지 느끼며 다른 환경에 놓였더라면 노동에서 오는 행복의 독자적 경험을 맛보았을 사람이 그러한 분위기의 압력에서는 노동을 저주로 받아들일 뿐이다.

공산주의는 실로 소유권 이념이 완전히 소멸된 진흙탕 속에서만 번영하며 우리는 이 소유권 이념 원천에서는 공산주의를 발견할 수 없는 것이다.

지배계급의 소유권에 대한 관념이 그 계급 내에서만 한정되지 않고 사회의 잔여 계급에도 전달된다는 경험은 농촌에서는 전혀 반대 방향에서 확증된다.

농민들과의 접촉을 끊지 않고 계속해서 여기에 살고 있는 사람은 자기의 사정이나 인격이 그것을 장려하지 않더라도 무의식적으로 농민의 소유감과 절약으로부터 무엇인가 영향받게 된다.

그러므로 완전히 동일한 상황하에 처해 있는 보통 사람이라 할지라도 농촌에서는 농민같이 절약자가 될 것이고 빈과 같은 도시에서는 백만장자처럼 낭비할 것이다. 권리를 위한 투쟁을 회피하고자 하는 태만함이 어디에서 유래되었든 간에 투쟁대상 가치가 태만함에 저항하도록 자극하지 않는 한 편의상 그것을 인정하고 그것을 있는 그대로 표현하는 것이 우리에게 중요하다고 생각한다면 그러한 인생의 태만한 사고방식을 이상과 같이 설교하는 이 실용적인 처세철학은 비겁자의 술책과 무엇이 다르단 말인가?

전투에서 도주하는 비겁자는 다른 사람들이 희생하는 생명을 구할 수는 있다. 그러나 그는 그것을 자기 명예를 희생함으로써 구할 수 있는 것이다. 생각건대 이때 다른 사람들이 고수했던 입장만이, 그렇지 않았더라면 그와 같은 비겁자의 행동양식이 반드시 수반했을 모든 결과로부터 그 자신과 공동체를 방어하는 것이다. 즉 모든 사람들이 그 비겁자와 같은 생각을 가졌더라면 그들은 전부 패망했을 것이다. 이와 꼭 같은 논리가 권리의 비겁한 포기에도 해당되는 것이다.

권리의 포기는 그것이 개인 행동으로 끝났을 때는 무해하다. 그러나 그것이 행위의 일반적인 원칙으로서 지향된 때는 권리의 몰락을 의미한다. 역시 이와 같은 관계에 있으면서도 그러한 행동양식이 겉으로는 무해하게 보이는 것은 불법에 대한 권리의 투쟁이 대체로 이런 것으로부터 영향받고 있지 않다는 사실에 의해서만 가능한 것이다. 왜냐하면 이러한 투쟁은 실로 개인에게만 의존되는 것이 아니라 발전된 국가체제에서는 국가권력이 개인의 권리, 그의 인격, 그의 재산에 대한 모든 중대한 침해를 자발적으로 소추함으로로써 국가권력이 대규모로 권리투쟁에 참여하기 때문이다.

이때 경찰과 형사재판관은 당사자로부터 가장 곤란한 부분의 일을 들어 주는 것이다. 뿐만 아니라 범인의 소추가 완전히 개인에게만 맡겨진 권리침해에 대해서도 투쟁이 결코 중단되지 않도록 배려되어 있다. 왜냐하면 누구나 비겁자의 술책을 따르는 것은 아니며 비겁자라 할지라도 투쟁대상 가치가 자기의 쾌적한 생활보다 더 낫다고 생각할 때는 적어도 투쟁자의 무리 속에 뛰어들기 때문이다. 그러나 당사자가 경찰이나 형사법으로부터 받을 수 있었던 지지가 없어진 상태, 즉 도둑이나 강도의 소추가 순전히 피해자 개인의 일이었던 고대 로마시대를 돌이켜 생각할 때 여기서 권리의 포기란 것이 과연 어떠한 결과를 초래하였을까를 이해하지 못하는 사람은 아무도 없을 것이다. 권리의 포기라는 것은 도둑과 강도를 장려하는 길이라고밖에 말할 수가 없지 않은가?

똑같은 원리가 국제간의 생활에도 해당된다. 왜냐하면 여기서 각 민족의 생활은 완전히 그들 자신에게 맡겨져 권리 주장을 위한 그들의 고뇌를 들어 줄 좀더 높은 어떠한 권력도 없기 때문이다.

불법에 대한 저항을 투쟁목표의 물질적 가치에 의해 측정하려는 처세관이 국제간의 생활을 위해 무엇을 뜻하는가를 보여 주기 위해 앞서 기술한 1평방마일의 예를 상기시킬 필요가 있다고 생각한다. 그러나 우리가 시험해 보고자 하는 곳에서는 어디서나 전혀 생각할 수조차 없는 원칙으로, 즉 권리의 해소나 소멸로 나타나는 원칙은 예외적으로 그것의 치명적인 결과가 다른 사정의 호전 때문에 약화된다 할지라도 정당하게 표현될 수는 없는 것이다. 나는 다음에 이러한 원칙이 비교적 유리한 입장에 처해 있다 할지라도 얼마나 해로운 영향을 미칠 수 있는가를 논술하려고 한다.

그러므로 우리는 건전한 법정신을 가진 민족이나 개인이면 누구도 소유해 본 바 없는 이 원칙, 즉 안일한 정신을 배척해야 한다. 그것은 병들어 온전치 못한 법감정의 징후이고 소산이며 권리 영역에 존재하는 극단적이고 노골적인 물질주의에 불과한 것이다. 후자 즉 물질주의도 역시 권리 영역에서는 자기의 완전한 정당성을 소유한다. 그러나 그것은 일정한 한계 내에서의 일이다. 순전히 객관적 불법의 경우 권리 획득과 이용 및 주장 자체는 순수한 이해관계 문제다. 그러나 나 자신의 정의에 의하면 권리 자체는 법적으로 보호된 이익에 불과하다. 그러므로 이익은 주관적 의미에서 볼 때 법의 실제 핵심이다. 그러나 권리에 대항하여 반항의 손길을 번쩍 드는 자의에 대해 저 물질주의적 관찰방법(법의 문제와 이익의 문제를 혼동)은 그 정당성을 잃고 만다. 왜냐하면 자의가 권리에 가하는 타격은 그 권리 자체에 적중되고 결국 그 인격에 적중되기 때문이다.

어떤 물건이 권리 대상이 되는가는 관심 밖의 문제다. 어떤 물건이 우연히 내 권리권 안으로 들어왔다고 가정할 때 그것은 나 자신을 해치지 않고도 다

시 내 수중으로부터 탈취될 수 있다. 그러나 우연이
아니라 내 의지가 그 물건과 나 사이의 유대를 연결
시키는데, 이때 내 의지는 역시 나 또는 다른 사람
이 과거에 노동을 희생한 대가로서 이 유대를 연결
시킨다.

내가 그 물건 중에서 소유하고 주장하는 것은 나
또는 다른 사람의 과거 노동의 일부분인 것이다. 나
는 그 물건을 내 것으로 만들면서 그 물건에 내 인
격이라는 도장을 찍는다. 즉 그 물건을 침해하는 사
람은 내 인격을 침해하는 것이다. 그래서 사람들이
그 물건에 가하는 타격은 그 물건 속에 있는 나 자
신에게 가하는 타격인 것이다. 소유권이라는 것은
다만 물질적으로 확대된 내 인격의 외연(外緣)에 불
과한 것이다.

이와 같은 권리와 인격과의 관계는 그것이 어떤
종류든 간에 모든 권리에서 측정할 수 없는 위대한
가치를 부여한다. 나는 모든 권리가 다만 이익관계
때문에 소유하고 있는 순수한 실질적인 가치에 대해
이것을 이상적인 가치라고 표현한다. 바로 그 가치
속에서 위에서 언급한 권리주장에서의 헌신과 힘이
유래된다. 권리에 대한 이와 같은 이상적인 견해는
비범한 사람들의 특권이 아니라, 가장 교양 없는 사

람과 같이, 가장 부유한 사람도 가장 가난한 사람과 같이, 가장 야만적인 민족도 가장 문명화된 국민과 같이 이러한 권리에 대한 이상적인 파악을 할 수 있다는 바로 그 점이, 이상주의가 권리의 내적인 본질에 뿌리박고 있는가 하는 것을 단적으로 표현해 준다. 이 이상주의는 법감정의 건전성 바로 그것이다. 이렇게 하여 인간을 오로지 이기주의와 이해타산의 낮은 영역으로 인도하는 권리는 다시 이상의 높은 영역으로 승화된다. 여기서는 그가 배운 교활과 타산은 물론 모든 것을 이용가치에 따라 측정하려는 생각을 오로지 이상을 위해서 잊게 되는 것이다. 즉 물질상의 이익만을 고려하는 낮은 영역에서의 산문적인 법은, 인격 주장을 목적으로 하는 권리를 위한 투쟁의 높은 이상 영역에서는 시(詩)가 되는 것이다. 왜냐하면 권리를 위한 투쟁은 사실상 시의 성격을 띠고 있다고 할 수 있기 때문이다.

그러면 이와 같은 모든 기적을 행하는 것은 무엇인가? 그것은 인식도 아니고 교육도 아니다. 그것은 고통에 대한 단순한 감정이다. 고통이란 위협받는 자가 청하는 구원의 외침이다. 이것은 내가 이미 언급한 바와 같이 육체적 조직에 해당되는 것처럼 정신적 조직에도 해당된다. 그러므로 의사에게 인체

병리학에 해당되는 것은 법률가나 법철학자에게는 법감정의 병리학이 되는 것이다. 아니, 좀더 정확히 말하면, 당연히 그렇게 되어야 한다는 것이다. 왜냐하면 이미 그렇게 되어 있다고 주장하는 것은 옳지 않을지도 모르기 때문이다.

인간이 자기권리의 침해에 대해 느끼는 고통은 우선 권리가 그에게 무엇을 뜻하며 나아가서는 사회에 대해 무엇을 의미하는가에 관해 생각하도록 강요받은 본능적인 자기고백인 것이다. 이 한순간에 권리의 참된 의미와 참된 본질에 관한 절실한 감정이 지난 1백여 년 동안 안일무사하게 이것을 향유할 때보다 더욱 실감 있게 격정적으로 나타난다. 스스로 또는 다른 사람을 통해서 이 고통을 경험해 보지 못한 사람은 비록 법전의 전부를 머리속에 기억하고 있다 하더라도 권리가 무엇인지 알지 못한다. 오성(悟性)이 아니라 감정만이 이 문제에 답을 줄 수 있다. 그러므로 언어가 모든 권리의 심리학적 원천을 법감정으로써 표시하는 것은 옳은 것이다.

법의식(法意識)이나 법적 신념은 민중이 모르는 학문상의 개념들이다. 법의 힘은 사랑의 힘과 마찬가지로 감정 속에 뿌리박혀 있다. 그러므로 오성은 결핍되어 있는 감정을 보충할 수는 없다. 그러나 사랑이 보통 때는 자기 자신을 모르고 있지만 그것을 완전히 자각함에는 단 한순간으로 충분한 것처럼 법감정도 역시 침해받지 않은 상태에서는 그것이 무엇인지, 그 속에 무엇이 들어 있는지를 모른다. 그러나 권리의 침해는 법감정을 말하게 하고, 진리를 밝혀내며 힘을 발동케 하는 고문이다. 이때 진리가 어디에 있는가는 이미 언급했다.

권리란 인격의 정신적 존재조건이며, 권리 주장이란 인격 자체의 정신적인 자기보존이다.

법감정이 자기에게 가해진 침해에 대해 반응하는 격렬성이나 지속성은 그 법감정의 건전성을 측정하는 시금석이다.

그런데 고통 속에 있는 위험의 방지에 대한 경고를 명심하지 않은 채 고통을 느낀다는 것, 법감정이 느끼는 고통의 정도는 위협받는 대상에 대해 법감정이 어떤 가치를 부여하는가를 알려 준다. 자신을 방어하지 않고 그 고통을 꾸준하게 참는다는 것은 법감정의 부정을 뜻하는 것이며 아마도 사정에 따라 예외가 있을 수 있는 개별적인 경우 정적인 결과를 초래하지 않을 수 없다. 왜냐하면 법감정의 본질은 행동인데, 그 행동이 결여되어 있을 때 법감정은 침해를 받게 되어 마침내는 그 고통을 거의 느끼지 못할 정도로 무감각해진다.

민감성, 다시 말해서 권리의 모독을 물리치는 용기와 결단력은 건전한 법감정의 두 가지 표준이다.

나는 법감정의 병리학이라는 흥미 있고 생산적인 제목에 관해 계속 이야기하기를 단념해야 하지만 몇 가지 암시만이라도 더 언급하는 것을 허락해 주기 바란다. 여러분 중 각자는 동일한 권리의 모독이 얼마나 차이 있게 여러 사람에게 작용하는지 알고 있을 것이다. 나는 앞에서 그러한 경우를 고려한 해결책을 시도해 보았다. 결국 결론은 법감정의 민감성이 모든 권리를 통해 동일한 것이 아니고 개인, 계급, 민족 등이 어느 정도 침해된 권리의 의의를 자기 자신의 정신적 존재조건으로서 받아들이느냐에 따라 약해지기도 하고 강해지기도 한다는 것이다. 그런데 여기서 말하는 권리의 의의는 다만 권리 일반의 의의만이 아니라 개개의 특정한 권리까지도 포함한다. 이와 같은 관점을 계속 추구하는 사람은 틀림없이 유익한 결과를 얻을 수 있을 것이다.

앞에서 내가 예를 든 명예와 소유권 문제 외에 나는 특히 혼인에 관한 연구를 장려하고 싶다. 여러 개인과 민족, 입법이 간통에 대해 취하는 태도에는 상당한 반성이 서로 연결되어 있기 때문이다.

법감정의 두 번째 요점인 실행력은 순전히 성격 문제다. 즉 권리의 모독에 대해 취하는 어떤 인간이나 민족의 태도는 그들의 성격을 측정할 수 있는 가장 확실한 시금석이다.

우리가 성격을 완전히 독립되어 자기 자신을 주장하는 인격으로서 이해한다면 권리를 침해하는 자의가 동시에 인격을 침해할 때처럼, 성격이란 이 특성을 시험하기 위한 좋은 계기는 없다.

침해받은 권리와 인격의 감정이 격정적인 영향을 받아 조잡하고 성급한 행위로 반응하는가 또는 신중하면서도 지속적인 저항으로 반응하는가의 형태는 법감정이 갖는 힘의 강도를 측정하는 데 어떠한 규준도 되지 못한다.

그리고 일반적으로 첫번째 형태를 취하는 야만 민족에게나 교양 없는 사람에게는, 두 번째 형식을 택하는 교양 있는 사람들보다 더욱 활발한 법감정이 있다고 생각하는 것처럼 큰 잘못은 없다. 이와 같은 형식들은 다소 차이는 있으나 교양과 기질의 문제다. 그러나 격렬과 야만은 저항의 결단성, 불굴의 정신, 지속성과 완전히 같은 것이다. 만약 그렇지 않다면 곤란할 것이다. 왜냐하면 개인과 민족은 교양을 넓히면 넓힐수록 그만큼 더 그들의 법감정을 상실하게 된다는 것을 뜻하기 때문이다.

이러한 견해를 논박하고자 한다면 역사와 시민생활에 한번 눈을 던짐으로써 충분하다. 마찬가지로 가난과 부의 대립도 이것을 측정할 수 있는 어떤 기준도 되지 못한다. 부자와 빈자가 물건을 평가하는 가치척도가 전혀 다르다 할지라도 그 척도는 권리의 경시문제에는 조금도 해당되지 않는다. 왜냐하면 여기서 문제되는 것은 그 물건의 물질적인 가치가 아니라, 권리의 이상적 가치이기 때문이다.

이에 대한 가장 훌륭한 증거를 제공하는 것이 영국 국민이다. 즉 그들의 부는 그들의 법감정을 해치지 않았던 것인데 그들이 하찮은 소유권 문제까지도 어떠한 정열을 가지고 방어하는가를 우리는 대륙에서 여행중인 영국인의 전형적인 행동양식에서 확인할 수 있다. 여관 주인이나 마차꾼이 그에게 속임수를 쓰려 할 때 그는 마치 옛 영국의 법을 방어했던 것 같은 결단력을 가지고 대항하며 필요하다면 출발을 연기하고 며칠 동안 같은 장소에 머물러 있음으로써 자기가 지불할 것을 거절했던 액수에 10배가 넘는 돈을 지불하는 것이다. 사람들은 이와 같은 그의 행동을 비웃고 그를 이해하지 못한다. 그러나 그를 이해할 수 있다면 좋을 것이다.

왜냐하면 그가 여기서 방어하는 몇 푼 안 되는 굴 던(네덜란드의 화폐 단위)에는 사실상 옛 영국이 숨어 있기 때문이다. 그러므로 그의 고국에서는 모든 사람이 그를 이해한다. 따라서 감히 그를 속이려는 생각을 쉽사리 하지 못한다.

나는 여러분들의 감정을 상하게 하고 싶지는 않다. 그러나 문제의 심각성이 나로 하여금 이와 같은 비교를 하도록 만드는 것이다. 만약 사회 지위와 재산관계가 동일한 오스트리아인을 같은 위치에 놓았다고 하자. 과연 그는 어떻게 행동할 것인가? 이러한 경우 나 자신이 경험한 바에 의하면, 영국인의 예를 모방하는 사람은 아마 100명 중 10명도 안 될 것이다. 그 외 나머지 사람들은 말다툼에서 오는 불쾌감, 여러 사람으로부터 받는 눈총, 자기들이 받을지도 모르는 오해 —— 영국인이 영국에서는 조금도 두려워할 것 없으나 우리 나라에서는 그대로 감수해야 하는 오해 —— 등의 가능성을 가진다. 결국 그들은 지불하고 만다. 그러나 영국인이 거절하고 오스트리아인이 지불하는 굴덴 속에는 영국과 오스트리아의 일면이 존재한다. 즉 거기에는 몇 세기에 걸친 양국의 정치 발전과 사회 생활이 존재하는 것이다. 이와 같은 내 생각은 손쉽게 다음 테마로 넘어갈 수 있는 계기를 마련해 준다.

지금까지의 내 논술을 나는 다음과 같은 동일한 원칙으로 끝내고자 한다.

즉 침해받은 권리에 대한 주장은 인격의 자기보존을 위한 행위며 바로 그 때문에 그것은 권리자의 자기 자신에 대한 의무라고.

4. 권리 주장은 사회공동체에 대한 의무다

나는 지금까지 위에서 언급한 두 가지 원칙 중 첫째 원칙, 즉 권리를 위한 투쟁은 권리자의 자기 자신에 대한 의무라는 것을 논술했다. 다음에는 두 번째 원칙, 즉 권리 주장은 사회공동체에 대한 의무라는 원칙을 논술해 보고자 한다. 이와 같은 목적을 위해서 나는 객관적 의미에서 법이 주관적 의미에의 법에 대해 갖는 관계를 좀더 상세하게 고찰할 필요성을 느낀다. 어디서 그와 같은 관계가 성립되고 있을까? 만약 내가 다음과 같이 말한다면 나는 현재 일반화되고 있는 관념을 아주 충실하게 묘사한다고 생각한다. 즉 전자가 후자의 전제가 될 때, 다시 말해서 구체적 권리는 추상적 법규가 스스로의 존재를 위해 필요로 하는 여러 조건이 존재하는 곳에서만 성립된다. 그럼으로써 통상적인 학설에 의하면 양자의 상호 대립관계는 완전히 소멸되었다는 것이다. 그러나 이와 같은 견해는 너무나 편파적이다. 그것은 오로지 추상적 법률에 대한 구체적 권리의 종속관계만을 강조함으로로써 그러한 종속관계가 오히려 반대 방향에서 성립될 수도 있다는 사실을 간과한다. 구체적 권리는 법으로부터 생명과 힘을 받을 뿐만이 아니라, 추상적 법률에게 동일한 것을 되돌려 준다.

법의 본질은 실천적 실현이다. 이와 같은 법의 본질, 즉 실천적 실현에서 소외된 법 또는 이것을 다시 상실한 법규범은 그 이름에 대한 자격이 없다. 이것은 법이라는 기계에서 자기 기능을 상실한 하찮은 부분품에 지나지 않으므로 이것을 제거한다고 해도 어떠한 변화도 일어나지 않는다. 이 원칙은 법의 모든 부분에 대해서, 즉 국가법이나 형법, 사법에서도 그대로 적용된다. 그래서 로마법은 이러한 법을 불사용(不使用, desuetudo)이라 하여 법규의 폐지 원인으로 인정함으로로써 명백하게 규제했다. 여기에 상응하는 것이 계속적인 불실행(不實行, nonusus)으로 소멸하게 되는 구체적 권리다. 그런데 공법과 형법의 법적 실현이 국가권력기관에 의해 보장되는 반면 사법의 실현은 개인의 권리에 의한다는 형식을 취하고 있다. 다시 말해서 전적으로 그의 자유로운 창의력과 독자성에 맡겨진다.

전자의 경우 법규의 법적 실현은 국가 관청이나 관리들이 그들의 의무를 수행하는 정도 여하에 달려 있고, 후자의 경우에는 개인이 자기 권리를 주장하는 정도 여하에 달려 있다. 만약 후자가 자기 권리에 대한 무지에서든지, 안일과 공포에서든지를 불문하고 어떤 사정이 있어 계속해서 그리고 일반적으로 이것을 중단한다면, 그 법규는 사실상 무가치해져 버린다. 그러므로 다음과 같이 말할 수 있을 것이다. 즉 사법이 갖는 여러 원칙의 실현성과 실천력은 구체적 주장 속에서 또는 주장이 이루어질 때 명백해지고, 구체적 권리는 법규로부터 생명을 얻는가 하면, 법규에게 그 생명을 다시 되돌려준다. 즉 객관적인 법과 추상적 법 관계나 또는 주관적인 법과 구체적인 법 관계는 심장에서 흘러나와서 다시 심장으로 흘러들어가는 혈액순환이라고.

공법이 갖는 여러 법규의 존재문제는 관리 의무에 대한 충성심에 달려 있고 사법이 갖는 여러 법규의 존재문제는 권리자로 하여금 자기 권리, 즉 자기 이익과 자기의 법감정을 주장하도록 하는 동기의 유효성에 달려 있다. 그런데 만약 이 동기가 자기 임무를 수행하지 않는다면 법감정은 둔해져서 민감성을 잃을 것이며 이익문제는 안일과 분쟁에 대한 혐오나 소송에 대한 두려움을 이겨낼 만큼 충분히 강력하지는 못하게 된다. 그래서 법규가 적용되지 않는다는 간단한 결과가 나타나게 된다. 그것이 어찌되었단 말인가? 그것 때문에 고통받는 사람은 권리자뿐이지 않은가라고 사람들은 나에게 의문을 가질 것이다. 그래서 나는 이미 위에서 말한 바 있는 전쟁에서 도망가는 개인에 관한 예를 다시 한 번 들고자 한다.

1천 명이 싸워야만 할 때 한 사람쯤 도망간다 해서 그것을 알아채지는 못할 것이다. 그러나 수백 명이 군적(軍籍)을 버리고 도망간다면 충실하게 버티는 군사들의 입장은 점점 위험해져 저항의 모든 부담이 그들에게만 지워질 것이다.

이 비유에서 나는 진상을 사실대로 밝혔다고 생각한다. 이 비유는 사법 영역에서도 역시 발생하는 불법에 대한 권리 투쟁, 모두가 힘을 합쳐야만 하는 전국민의 투쟁에도 해당된다. 그러므로 여기서도 도망을 치는 자는 모두 공동의 일에 대한 배반의 죄를 범하는 것이다. 왜냐하면 도망자는 적의 용기와 오만함을 북돋아줌으로써 적의 힘을 강하게 만들어 주기 때문이다. 만약 자의와 무법상태가 뻔뻔스럽고 오만하게 감히 머리를 든다면, 이것은 언제나 법 수호를 위해서 소명(召命)된 사람들이 그들의 의무를 충실히 이행하지 않는다는 확실한 증거다. 그런데 사법(私法)에서는 모두가 자기 위치에서 권리를 지키도록 부름받았다. 그래서 각자는 자기 능력 한도 내에서의 법의 수호자며 집행자이다. 이때 각자에게 귀속되는 구체적 권리는 자기 자신의 권익이 계기가 되어 법을 위해서 싸우고 불법에 대항하도록 국가가 그에게 준 일체의 권리, 즉 관리에게 부여되는 무조건적이며 일반적인 전권 위임과는 반대로 조건부며 특수한 전권 위임이다.

그는 자기 권리를 주장함으로써 자기 권리라는 좁은 영역에서나마 권리 일반을 바르게 유지한다. 그러므로 그가 취하는 행동양식의 이익과 결과는 그 한 개인을 떠나서 훨씬 멀리까지 영향력을 미친다.

그의 행동양식에 결부되는 일반적인 이익은 다만 법의 권위와 존엄이 보장된다는 관념적인 것에 그치지 않고 이와 같은 관념적 이익에 대해서는 최소한의 이해조차 가지지 않는 자라 할지라도 누구나 다 느낄 수 있고 이해할 수 있는 매우 현실적이며 가장 실용적인 이익인 것이다. 즉 각자의 거래생활에 확고한 질서를 확립하고 유지하는 이익인 것이다.

만약 고용주가 고용법 적용을 회피하고, 채권자가 채무자의 소유를 차압하려 하지 않고, 구매대중이 정확한 저울눈이나, 공정가격의 준수에 힘쓰지 않는다면 그럼으로써 다만 법의 관념적 권위만이 손상된단 말인가? 시민 생활의 질서는 결국 어느 일정한 방향에서 희생되고 여기서 파생되는 부정적인 결과가 얼마나 멀리까지 미치게 될 것인가. 예컨대 모든 신용체계가 가장 민감하게 타격받게 되지나 않을까라는 것을 말하기는 곤란하다. 왜냐하면 확실한 내 권리를 관철하기 위해 분쟁을 각오해야만 하는 곳에서도 나는 가능한 한 이것을 피하기 때문이다. 그렇게 되면 나는 물건을 다른 곳에서 구하게 되므로 내 재산은 다른 곳으로 옮겨지기 때문이다.

그러한 사정에서 법규를 적용하는 용감한 소수자의 운명은 참다운 순교로 나타난다. 즉 그들의 활발하고 강력한 법감정이 오히려 그들에게 저주가 되는 것이다.

원래는 그들의 자연스러운 동맹자였을 사람들로부터 버림을 받고, 그들은 일반적인 무관심과 비겁함에 의해서 기고만장해진 자의와 싸워야 하며, 그리고 그들이 커다란 희생을 치르고, 적어도 자기 자신에게만이라도 충실했다는 만족을 얻었을 때 칭찬 대신 오히려 조소와 경멸을 받게 된다. 이와 같은 상태에 대한 책임은 법을 준수하지 않는 사람들에게 있는 것이 아니라 그 법규를 바르게 유지할 수 있는 용기가 결여되어 있는 사람들에게 있다.

불법이 법을 그의 자리에서 쫓아 버린다고 해서 불법만을 탄핵할 것이 아니라 불법의 그러한 행동을 감수하는 법도 탄핵받아야 한다.

그리고 만약 내가 '불법을 행하지 말라'든지, '불법을 참지 말라'는 두 가지 원칙을 이들 실용적 의의에 따라서 평가해야만 할 때, 나는 제1의 규칙이 '불법을 참지 말라'고, 제2의 규칙이 '불법을 행하지 말라'고 말할 것이다. 왜냐하면 인간 본성이 원래 그런 것처럼 권리자의 단호한 저항이 예상되는 확실성은 가능한 방해를 고려하지 않는다면 근본적으로 다만 도덕명령의 힘만을 소유하고 있는 명령보다는 더욱 많이 인간을 불법의 범행으로부터 멀리할 수 있기 때문이다.

만약 내가 "공격받은 구체적 권리 방어는 다만 권리자의 자기 자신에 대한 의무뿐만이 아니라, 사회공동체에 대한 의무이기도 하다"고 주장한다면 나는 이 문제에 관해 너무 지나친 말을 한 것일까? 만약 권리자는 그의 권리에서 동시에 법규를, 법규에서 동시에 사회공동체의 필요불가결한 질서를 방어하고 있다는 내 논술이 옳다면 권리자가 그럼으로써 동시에 사회공동체에 대한 의무를 수행한다는 사실을 누가 부인하겠는가?

만약 사회공동체를 위해 권리자가 그의 생명을 바쳐야 할 외부의 적에 대해서 사회공동체가 그를 투쟁으로 불러들일 수 있다면 사회공동체 질서를 외부의 적 못지않게 위태롭게 하는 내부의 적에 대해서 싸우도록 왜 그를 격려하지 못한단 말인가? 그러면 외부의 적에 대한 투쟁에서의 비겁한 도망이 공동의 일에 대한 배반을 뜻한다면, 같은 명분을 내부의 적에 대한 투쟁에서도 사용할 수 있지 않겠는가?

법과 정의는 재판관이 그의 의자에 항시 대기상태로 앉아 있고 경찰이 그들의 정탐꾼을 내보내는 것만으로 구현되는 것이 아니라, 각자 자기 분야에서 그것을 위해 공동으로 노력할 때 구현되는 것이다. 자의와 무법의 히드라(Hydra)가 감히 머리를 들려 한다면 그 머리를 짓밟아 버리는 것이 각자의 소명이며 책임이다. 뿐만 아니라 법의 혜택을 받고 있는 각자는 법규의 위력과 위신을 바르게 유지하기 위해

응분의 공헌을 해야 하는 것이다. 요컨대 각자는 사회 이익을 수호하는 권리를 위한 살아 있는 투사다.

이와 같은 내 견해에 따라서 자기 권리주장에 대한 개인의 임무가 얼마나 고상해질 수 있는가는 말할 필요도 없다. 내 견해는 우리가 지금까지 접한 이론에 의해서 교시된 법규에 대한, 순전히 일방적이고 단순히 수용적인 관계 대신 상호관계를 내세우는 것이며 이 관계에서 권리자는 법규가 그에게 부과하는 의무에 대해 답하는 것이다. 내 견해는 권리자의 이와 같은 의무를 인정하는 국가적인 대사명에 대한 협력이다. 권리자 자신이 이 국가적 대사명을 그러한 것으로써 이해하고 있느냐의 문제는 별로 중요하지 않다. 왜냐하면 도덕적 세계 질서는 다만 이것을 이해하는 사람들의 봉사에만 의존하는 것이 아니라, 그 명령에 대한 이해심을 가지고 있는 것이, 이 도덕적 세계질서에서의 위대함이며 고귀함이기 때문이다. 인간을 결혼하게 하기 위해 이 질서는 A라는 사람에게는 모든 인간 충동 중에서 가장 고상한 것을, B라는 사람에게는 관능적인 쾌락을, C라는 사람에게서는 안일을, D라는 사람에게는 탐욕을 움직이게 한다. 그래서 그들은 모두 결혼을 하게 된다.

그와 마찬가지로 권리를 위한 투쟁에서도 이익이 A라는 사람을, 권리침해에 대한 고통이 B라는 사람을, 권리 이념이 C라는 사람을 싸움터로 불러들일 것이다. 그래서 그들은 모두 공동 작업을 위해서, 즉 자의에 대항하여 권리를 수호하기 위해서 손을 맞잡게 된다.

이로써 우리들은 권리를 위한 투쟁의 이상적 최고 정점에 도달했다. 이익이라는 수준 낮은 동기로부터 출발하여 인격의 정신적 자기보존이라는 관점으로 올라가서 마침내는 권리이념의 실현에 협력한다는 동기에까지 도달한 것이다. 나 개인의 권리에서 권리 일반은 모독되고 부정되는 것이다. 그러나 그것은 다시 주장하여 회복되는 것이다. 그러므로 자기 권리를 위한 권리주체자의 싸움은 얼마나 숭고한 뜻을 지니게 되는가!

이와 같은 견해에 따라 권리주체자가 취하는 순개인적이고 사적인 이해, 목적, 정열 ── 내용을 잘 모르는 사람은 이것들을 권리 본래 영역이라 생각하지만 ── 의 영역은 이상적 고지의 아주 낮은 곳에 위치하게 된다.

많은 사람들은 말할 것이다. 그러나 이 고지는 너구나 높아서 법철학자들만이 인식할 수 있으며, 실제 생활에서는 전혀 고려되지 않기 때문에 아무도 법이념 때문에 소송을 제기하지는 않는다고. 나는 이 주장을 반박하기 위해 로마법을 참조하고자 한다. 로마법에서는 이 이상적 정신의 사실성이 공익을 위한 소송이라는 제도로 가장 명백하게 나타나 있다. 하물며 현대에 사는 우리가 이 이상적 정신을 부인한다면 우리는 우리 자신과 민중에게 불법을 행사하는 것이다. 자의에 의해서 권리가 억압되는 것을 보고 분노와 도덕적 격분을 느끼는 자는 모두가 이 정신을 가지고 있는 것이다. 왜냐하면 자기가 고통을 받아야만 했던 권리침해를 일으킨 감정에는 이기적인 동기가 뒤섞여 있는 데 반해 감정은 오로지 인간의 마음을 지배하는 법이념의 도덕적인 힘에 그 근거가 있기 때문이다. 즉 그것은 권리의 모독에 대한 강력한 도덕성의 항의며 법감정이 자기 자신에 관해 제시할 수 있는 가장 아름답고 고상한 증거다.

그것은 또한 시인의 구상력이나 심리학자의 관찰을 위해서도 똑같이 매력적이고 효과적인 도덕적 과정이다. 내가 아는 바로는 이렇게 갑작스럽게 인간 속에서 그와 같이 거대한 변화를 일으키는 격정도 없다.

왜냐하면 가장 온화하고 화해적인 사람들이 격정을 통해서 평소에는 어림도 없을 열정 상태로 바뀐다는 것은 주지의 사실이기 때문이다. 이것은 그들이 마음속에 지니고 있는 가장 고귀한 것이 격정에 의해서 뼈에 사무치도록 영향받고 있다는 증거다. 그것은 정신적 세계에서의 뇌우(雷雨) 현상이다. 즉 이 현상이란 그 갑자기 일어나는 순간성, 직접성, 격렬성에 의해서는 물론, 또한 근원적인 모든 일을 망각하고, 억압하는 도덕적 힘의 지배에 의해 그 형식에서 고귀하고 장엄하며 동시에 그 충동과 효과에 의해 와해되고 승화됨으로써 결국 세계와 권리주체자를 위하게 되는 정신적 환기법이다. 그러나 권리주체자의 제한된 힘이 권리를 지지하기보다는 자의를 지지하는 여러 제도에 의해 깨어져 버린다면, 그때는 물론 폭풍우는 이것을 일으킨 사람을 역습하게 되어, 단순히 침해된 법감정 때문에 막연히 상대 범죄자의 운명을 두고 보거나, 무력하기 때문에 받는 불법이 마음속에 남기고 간 바늘에 의해서 정신적으로 피를 흘리고 법에 대한 신념을 상실한다는, 전자에 못지않은 비극적인 운명이 기다리고 있을 뿐이다.

　권리이념에 대한 모독과 조소를 자기 자신에 대한 모욕보다도 더욱 생생하게 느끼며, 자신의 이익과 무관한데도 불구하고 마치 그것이 자기 권리인 양, 억압당하는 권리를 위해 싸우는 사람의 이 이념적 권리의식의 이상주의는 참으로 고결한 성격을 가진 사람들의 특권을 이룬다고 할 수 있겠다. 그런데 불법을 눈앞에 보면서도 자기 자신만을 생각함으로써 아무런 이상적 흥분도 가져 보지 못하는 냉정한 법감정까지도 나에 의해서 확증된 구체적 권리와 법규 사이의 관계에 대해 완전한 이해를 가지고 있다.

　이 관계를 나는 다음과 같이 요약했다. 즉 내 권리는 권리 일반이며, 전자 속에서 후자가 침해되고 주장된다. 이것은 모순되는 것같이 들릴지 모르지만 이러한 견해에 바로 우리 법률가들이 익숙하지 못한 것은 사실이다. 법률가들의 견해에 따르면 구체적 권리를 위한 분쟁에서 법규는 절대 연루되지 않는다는 것이다. 즉 분쟁의 중심이 되는 것은 추상적 권리가 아니라, 구체적 권리의 모습으로 법규가 구체화한 것, 말하자면 법규 사진(寫眞)인데, 그 사진 속에서 법규는 다만 고정되어 있을 뿐 그 법규 자체가 직접 중심이 되는 일은 없다는 것이다. 나는 이 견해의 기술적 필요성을 부인하지는 않지만 이것은 법규를 구체적 권리와 같은 위치에 두고, 후자를 위태롭게 하는 것은 동시에 전자를 위태롭게 하는 것이라고 생각하는 반대 견해의 정당성을 인정해야만 하는 것이다.

편견을 갖지 않은 법감정에는 방금 위에서 언급된 견해가 법률가들의 견해보다는 훨씬 가깝게 다가서고 있다. 여기에 대한 가장 좋은 증거를 우리는 독일어와 라틴어에 보존되어 있는 특징적인 표현에서 찾을 수 있다. 즉 소송을 할 때 독일에서는 원고에 의해서 '법률이 호출된다(Gesetz angerufen)'라고 표현되고, 로마인들은 소송을 '법행위(legis actio)'라고 표현하는 것이다. 법규 자체가 문제시되는 것이며, 그것은 개개의 경우에 결정되어야만 하는 분쟁이다. 소송에 대한 이와 같은 해석은 특히 법률소송(legisactionen)이라는 고대 로마의 소송문제를 이해하기 위해서는 대단히 중요한 것이다. 이러한 견해에서 생각해 볼 때 권리를 위한 투쟁은 동시에 법규를 위한 투쟁이다.

분쟁에서 권리주체자의 단순한 이익, 법규가 구체화된 개별적인 관계, 법규라는 순간적인 광성에 붙잡혀서 고정된, 법규 자체와는 만나지도 못하고 파괴되고 훼손되는, 내가 말한 사진이 문제될 뿐만 아니라, 법규 자체도 경시당하고 유린당하는 것이다. 만약 법규가 공허한 유희나 잔소리가 되어서는 안 된다면 법규는 스스로를 주장해야만 한다. 그 이유는 침해자의 권리와 함께 법규 자체가 붕괴될 수 있기 때문이다.

내가 간단히 법규의 구체적 권리와의 연대성이라고 표시하고자 하는 이 관찰방법이 양자의 관계를 가장 깊은 근저에서 파악하고 재현한다는 것은 이미 앞에서 말한 바와 같다. 그러나 이 관찰방법이 너무나 심원하기 때문에 모든 고상한 견해와는 거리가 먼 노골적인 이기주의에 의해서는 이해될 수 없다는 것은 아니다. 아니, 바로 이 이기주의가 그와 같은 관찰방법에 대해서는 가장 예민한 눈을 가지고 있을지도 모른다. 왜냐하면 국가를 자기 분쟁을 위한 동맹자로서 끌어들이는 데 성공하는 것은 이기주의자가 갖는 큰 장점이기 때문이다. 이와 같이 이기주의 자체는 자기도 모르는 사이 자기 자신과 권리를 넘어서 권리자가 법규를 대표하는 이상의 고지로 승화되는 것이다. 진리는 설사 권리주체자가 그것을 자기 자신의 이익만을 생각하는 좁은 관점에서만 인식하고 방어한다 할지라도 언제나 진리로서 남는다.

안토니오의 몸에서 1파운드의 고깃덩어리를 베어

내기 위해 샤일록이 법정에 서게 되는 것은 증오와 복수심이다. 그러나 작가가 그를 통해 하는 말은 어느 누구에게서와 마찬가지로 그에게서도 진리인 것이다. 그것은 침해된 법감정이 어느 장소나 어느 시대를 불문하고 한결같이 주장될 언어다. 즉 권리는 어디까지나 권리로 머물러야만 한다는 확고부동한 신념의 힘이며 자기가 주장하는 사건에서는 자기 인격만이 문제되는 것이 아니라, 법이념도 또한 문제된다는 것을 의식하고 있는 사람의 흥분이고 격정이다.

1파운드의 고기에 대해 셰익스피어는 샤일록으로 하여금 다음과 같이 말하도록 한다.

내가 요구하는 1파운드의 고기는 비싸게 산 내 소유물입니다. 나는 그것을 꼭 가져야겠소. 만약 당신들이 그것을 거절한다면 나는 당신들의 법률을 멸시할 겁니다. 결국 베니스의 법률은 무력하다는 것을 체험했기 때문이죠. 나는 법률을 요구합니다. 나는 여기에 내 증서(證書)를 고수합니다.

"Ich fudere das Geleta(나는 법률을 요구합니다)." 작가는 이 네 마디 말로써 어떤 법철학자도 더 정확하게 표현할 수 없는 방법으로, 객관적 의미에서의 법이 주관적 의미에서의 법에 대해 갖는 참다운 관계와 권리를 위한 투쟁의 참뜻을 나타냈다. 이 몇 마디 말과 함께 사건은 샤일록의 권리주장으로부터 갑자기 베니스의 법률문제로 발전되는 것이다. 그가 이 말을 했을 때 이 연약한 남자의 모습이 얼마나 위풍당당했을까!

그의 소유물인 1파운드의 고깃덩어리를 요구하는 자는 더 이상 일개 유태인이 아니고 그것은 법정의 문을 두드리는 베니스의 법규자체인 것이다. 왜냐하면 그의 권리와 베니스의 권리는 하나이기 때문이다. 즉 그의 권리 붕괴는 베니스의 권리 자체 붕괴를 의미하기 때문이다. 결국 비열한 기지(機智)에 의해서 자신의 권리를 무효화한 판결의 중압으로 뭇 사람의 조소를 받으며, 기가 죽어 낙담해서 후들거리는 무릎으로 비틀거리며 그 자리를 떠날 때 그 누가 그와 함께 베니스의 법률이 굴복당했고 그 자리에서 도망치듯 사라진 자가 유태인 샤일록이 아니라, 중세기 유태인의 전형적인 모습, 즉 권리를 요구하여 헛되이 부르짖는 사회의 천민이라는 느낌을 금할 수 있을까?

그의 운명의 비극은 그의 권리가 거부당했다는 사

실에 있는 것이 아니라, 중세기 유태인인 그가 권리에 대한 신념을 갖고 있다는 사실이다. 마치 기독교인이 예수에 대해 품었던 신앙과 같은, 무엇에도 현혹되지 않는 반석과 같은, 아니 재판관까지도 본받을 만한 권리에 대한 철두철미한 신앙이 있었던 것이다. 그럼에도 불구하고 맑은 하늘의 벼락같이 그를 엄습한 재앙은 그를 환상으로부터 이탈시켜 결국 그로 하여금 그 자신은 한낱 사취(詐取)당하기 위해 권리를 부여받은 중세의 멸시받는 유태인에 불과하다는 산 지식을 갖도록 하는 것이다.

샤일록의 비유는 나에게 또 하나의 다른 모습, 즉 하인리히 폰 클라이스트[3]가 주인공의 이름을 단 동명 제목(同名題目) 소설에서 감명 깊게 묘사한 미카엘 콜하스의 시적이면서도 역사적인 모습을 상기시킨다. 샤일록은 기운 없이 그 자리를 떠난다. 그의 힘은 완전히 소멸되었다. 그래서 아무 저항 없이 그 재판관의 판결에 복종하는 것이다.

그러나 미카엘은 이와 다르다. 비열한 방법으로 멸시당한 자기 권리를 회복하기 위해 그가 취했던 모든 수단이 수포로 돌아갈 때, 사악한 전단재판(專

---

3) Heinrich von Kleist : 1771~1811. 독일의 시인 · 극작가

斷裁判)이 그의 계속적인 법적 투쟁 수단을 봉쇄하고, 재판관에서 최고 대표자인 영주에 이르기까지 노골적으로 불법의 편에 가담하게 될 때 그에게 가해진 모욕에 대한 비통한 감정이 그를 압도하게 되어 그는 "인간으로서 발로 짓밟히느니보다는 차라리 개가 되겠다", "나에게 법의 보호를 거절하는 자는 나를 황야의 야만인이 되도록 몰아내는 자며, 나 자신의 보호를 위해서 필요한 몽둥이를 뺏는 자다"라는 결심을 굳게 하는 것이다. 그는 부패된 재판관으로부터 더럽혀진 검을 빼어들고 뒤흔들어 공포와 경악이 온 나라에 퍼져서 썩어빠진 국가가 그의 합법성을 잃음으로써 왕위에 앉아 있는 군주까지도 전율케 한다. 그러나 그를 격분케 한 것은 난폭한 복수의 감정이 아니다.

그는 "하늘과 땅과 바다를 이리떼들과 대항하게 하기 위해 온 천지를 뒤흔드는 폭동의 나팔을 불고 싶다"고 했다. 그러나 그는 침해당한 법감정 때문에 전인류에게 선전포고를 하는 카를 모어 같은 강도나 살인자가 아니다. 그를 채찍질한 것은 도덕적인 이념, 즉 "자기가 받은 모독에 대한 보상은 물론 나아가서는 미래의 침해에 대해 자기 동포의 안전을 보장하기 위해서 그의 전력을 다해야 할 의무가 있다"

는 이념이다.

이 이념을 위해서 그는 모든 것을, 즉 가정의 행복, 명성, 재산, 몸과 생명을 다 바친다. 그러므로 그는 아무런 목표도 없는 파괴적인 전쟁을 수행하는 것이 아니라, 권리를 모독함으로써 죄를 범한 자와 그의 동조자들에게 목표를 두고 있다. 그래서 그는 자기 권리를 되찾을 수 있는 전망이 보일 때 자발적으로 무기를 버린다. 그러나 그 당시 무법과 파렴치가 어느 정도까지 치욕적이었던가를 보여 주기 위한 예로서 마치 그를 선택한 것처럼, 사람들은 그에 대한 자유호송과 사면의 약속을 깨뜨린다. 그래서 그는 결국 형장에서 목숨을 잃고 만다. 그러나 그에 앞서 권리를 위한 그의 투쟁은 다음과 같은 의미에서 보람을 찾게 되는 것이다. 즉 그가 헛되이 싸우지 않았다는 것, 그가 권리를 다시 명예스럽게 만들었다는 것, 그가 인간으로서 자기들의 존엄성을 주장했다는 생각이 그의 마음을 죽음의 공포에서 초연케 하는 것이다. 이렇게 되어 그는 자기 자신과는 물론 인간세계 및 신과 화해를 하고 태연히, 그리고 기꺼이 형리(刑吏)를 따라가는 것이다.

이 법률 희곡에는 어떤 성찰이 결부되어 있는 것일까! 법을 준수하며, 정직하고 가정에 대한 사랑이

지극하며 어린애같이 깊은 신앙심을 가진 사람이 불과 칼로 적들이 도망쳐 숨은 곳을 파괴하는 아틸라 왕이 되는 것이다. 그러면 그를 이와 같은 충동으로 이끄는 것은 무엇일까? 그것은 결국 그로부터 승리를 얻게 되는 그의 모든 적들보다 그를 도덕적으로 우월하게 하는 특성, 즉 법에 대한 높은 존경, 법의 신빙성에 대한 신념과 참되고 건전한 법감정의 실행력이다. 그의 운명의 거창한 비극은 바로 이와 같은 그의 성격적 장점과 고귀함에서 연유되는 것이다. 즉 그의 법감정의 이념적 흥분, 법이념을 위해 모든 것을 잊고 모든 것을 희생하는 그의 영웅적인 헌신이 당시 세태, 즉 귀족들의 방종과 재판관들의 의무 망각 및 비겁성과 충돌하게 되어 그의 파멸을 불러오는 것이다.

그가 범한 것은 이중삼중 부담이 되어, 그를 강제로 법의 정도(正道)에서 무법의 사도(邪道)로 쫓아낸 군주와 그 군주의 관리나 재판관 위로 떨어져 온다. 왜냐하면 인간이 참아야만 하는 어떠한 불법도, 아무리 그것을 중히 여긴다 해도 —— 적어도 객관적인 도덕 감정을 위해서는 —— 신에 의해서 임명된 관헌 자신이 법을 파괴함으로써 범하는 불법에는 도저히 비교될 수 없기 때문이다.

독일어가 정확하게 표현하고 있는 소위 사법살인(司法殺人, Justiz Mord)은 법이 받아야 할 최대의 죄악이다. 법규 수호자와 파수꾼이 그 법규 살인자로 변하는 것이다. 그것은 환자를 독살하는 의사고, 피후견인을 교살하는 후견인이다. 고대 로마에서는 뇌물을 받은 재판관에게 사형을 가했다. 법을 파괴한 사법에 대해서는 침해받는 법감정 때문에 범법행위를 하게 되는, 범죄자의 어둡고 비난에 가득 찬 모습처럼 가공할 탄핵자는 없다. 그것은 사법 자체의 피맺힌 그림자인 것이다.

매수될 수 있거나 또는 편파적인 사법에 의해 희생된 사람은 거의 강제로 권리의 올바른 길로부터 추방당하여, 스스로가 자기 권리의 복수자와 집행자가 되며, 경우에 따라서는 본래 목표를 지나쳐 사회의 철천지 원수인 강도와 살인자가 되는 일도 드물지 않다. 그러나 미카엘 콜하스와 같이 그의 고귀하고 도덕적인 성격이 자신을 이와 같은 나쁜 길에서 보호하는 사람도 범죄자의 형벌을 받음으로써 자기 법감정의 순교자가 되는 것이다. 그러나 순교자의 피는 헛되이 흘려지지 않는다고 사람들은 말한다. 바로 이 말은 그에게는 진실함을 확증받았다고 할 수 있겠다. 왜냐하면 그의 경고적인 영상이 그 뒤

오랫동안 그가 받았던 바와 같은 권리의 강탈을 불가능하게 만들었기 때문이다.

내가 이 영상을 불러낸 이유는, 법제도의 불완전 때문에 법감정이 만족되지 않는 여러 가지 사정에서, 어떤 종류의 나쁜 길이 강하고 이념적인 성질을 가진 법감정을 위협할 수 있는가를 감동적인 실례로써 보여 주고 싶었기 때문이다. 이때 법규를 위한 투쟁은 법규에 대한 투쟁이 되어 버린다. 법감정은 원래 이것을 보호해야 할 권력으로부터 버림받고, 스스로 법 토대를 떠나 스스로의 힘에 의해서 몰이해와 악의, 무력(無力)이 그에게 거절한 것을 획득하려는 것이다.

그런데 국민적 법감정이 그와 같은 법률상태에 대한 그의 탄핵과 항의를 제기하는 것은 다만 개별적인, 특히 강인하거나 격렬한 성격을 가진 사람들에 의해서 뿐만이 아니라, 이 탄핵과 항의는 어떤 현상에서는 전국민 사이에서도 반복되는데, 우리는 어떻게 국민이나 일정한 계급이 그것을 평가하고 이용하는가 하는 결정과 태도에 따라서 이것을 국가제도의 국민적인 대용품이라고 표시할 수가 있다.

중세의 비밀재판과 사투법(私鬪法)이 여기에 속하는데, 이것은 그 당시 사법재판의 무기력과 편파성,

국가권력의 허약성을 증명하는 중요한 사실이다. 그런데 현대에 와서는 국가가 명예훼손에 대해 가하는 형벌이 사회 어떤 계급의 민감한 명예욕을 만족시키지 못할 때 발생하는 결투 제도가 이에 대한 산 증거다. 또 여기에 속하는 것은 코르시카인의 피에 의한 복수와 소위 린치법이라 부르는 북아프리카의 민중재판이 있다. 이 모든 것은 국가 제도가 국민이나 계급의 법감정과 일치되고 있지 않다는 사실을 증명한다.

여하튼 이와 같은 제도들은 국가가 그것들을 필요로 한다든지 또는 국가가 그것들을 눈감아 준다는 비난을 국가가 받도록 한다. 개인을 위해서는 법규가 그것들을 금지하고는 있더라도 사실상 억압할 수는 없을 때 그것들은 중대한 갈등의 원천이 된다.

국가 명령을 준수하여 피의 복수를 실행하지 않는 코르시카인, 집단의 다른 구성원들로부터 멸시받고 전통적인 법률관의 압력 때문에 피의 복수를 따르는 코르시카인은 사법에 의해서 복수되는 것이다. 우리 사회에서 행해지는 결투도 이와 마찬가지다. 결투를 명예상 의무로 생각해야만 하는 경우에 처해 있으면서도 그것을 거부하는 사람은 자기 명예를 손상시키고, 그것을 실행하는 사람은 처벌된다. 이것은 당사자를 위해서나 재판관을 위해서 다같이 괴로운 입장이다.

　우리는 고대 로마에서 이와 유사한 현상을 찾아보려는 헛된 일을 한다. 즉 여기서는 국가의 여러 제도와 국민적인 법감정이 완전히 일치되었던 것이다. 기독교가 로마에 들어온 이후에야 비로소 신자들은 마치 중세 유태인들이 기독교인에 의한 재판을 회피해서 유태교 성직자들로부터 판결을 받았던 것처럼 세속적인 재판으로부터 주교의 중재재판으로 도피했던 것이다.

5. 권리를 위한 투쟁 이익은
사법, 사적 생활뿐만 아니라 국법,
국민생활에까지 미친다

나는 이상으로써 권리를 위한 개인 투쟁에 관한 내 고찰을 끝낸다. 우리는 이 투쟁 동기의 여러 단계를 추적함으로써 고찰했는데, 이것을 요약해 보자.

만약 이 법감정이 정당하지 못한 법규나 나쁜 제도에 의해서 야기되는 장애 때문에 자유롭고 굳세게 발전할 수 있는 여지를 발견하지 못한다면, 만약 법감정이 지지와 보호를 기대할 수 있는 곳에서 오히려 박해를 받는다면, 만약 법감정이 이러한 결과에 의해서 불법을 참거나 이것을 번복할 수 없는 것으로써 인격과 그의 윤리적 생존조건 목표라는 이상적 동기로까지 끌어올려 정의로운 이념 실현이라는 관

아보고자 한다면 국민 각자가 사법생활에서 어떻게 자기 자신의 권리를 주장하는지를 보면 된다.

나는 이미 위에서 투쟁적인 영국인의 예를 들었는데, 거기서 한 말을 나는 여기서도 꼭 같이 반복할 수 있다. 즉 "영국인이 집요하게 그 가치를 주장하는 굴덴 속에는 영국의 정치적 발전상이 숨어 있다"고.

각자가 아주 하찮은 일에서까지도 자기 권리를 용감하게 주장하는 것이 일반적인 현상으로 나타나고 있는 민족으로부터는 누구도 감히 그가 소유하고 있는 최상의 것을 빼앗으려 하지 않을 것이다. 그러므로 안으로는 최고의 정치적 발전을, 밖으로는 최대의 세력확장을 보여 줄 수 있었던 고대 국민, 즉 로마 국민이 동시에 가장 완성된 사법을 소유하고 있었다는 것은 우연한 사실이 아니다.

대단히 모순되는 말일지는 몰라도 법은 이상주의다. 그러나 환상의 이상주의가 아니라 성격의 이상주의, 다시 말하면 스스로를 자기목적 대상으로 느끼며 자기의 가장 핵심적인 성역을 공격받았을 때 다른 모든 것을 경시할 수 있는 사람이 이상주의인 것이다. 그에 대한 공격이 누구로부터 나오는지 —— 즉 어떤 개인으로부터인가, 자기 나라의 정부로부터인가, 어느 이방 민족으로부터인가 —— 그것이 그에게 무슨 상관이 있단 말인가?

그가 이 공격에 대해 전향할 것을 결정케 하는 요인은 공격하는 사람의 구별에 있는 것이 아니라, 그의 법감정의 힘, 즉 그가 자기 자신을 주장하기 위해 늘 필요로 하는 정신력에 있는 것이다.

그러므로 대내적·대외적인 한 민족의 정치적 지위는 언제나 그 민족의 정신적 힘에 상응한다는 원칙은 하나의 영원한 진리다.

성장한 아이들을 채찍으로 징계하는 대나무의 나라 중국은 수억 인구를 가졌음에도 불구하고 결코 저 작은 스위스의 존경받는 국제법상 지위를 차지하지는 못할 것이다. 스위스인의 기질은 예술이나 시적인 의미에서 볼 때 결코 이상적이 아니다. 그들의 기질은 로마인같이 진지하고 실질적이다.

그러나 내가 지금까지 법관계에서 이상적이란 의미를 사용해 온 의미에서는 그 표현이 영국인에 적합한 것과 마찬가지로 스위스인에게도 적합하다. 이 건전한 법감정의 이상주의는 법과 질서 유지에는 일체 참여하지 않고, 단순히 자기 자신의 권리만을 방어하는 데 스스로를 국한시킨다면 자신의 토대를 스스로 묻어 버리는 것이 될 것이다.

다만 이 이상주의는 자신의 권리에서 권리 일반뿐

만이 아니라 또한 자신의 권리를 권리 일반에서 방어하고 있다는 사실을 모르고 있을 뿐이다.

엄격한 준법정신을 위해서 이와 같은 기분과 마음이 지배적인 국가에서는 다른 나라에서 흔히 볼 수 있는 서글픈 현상, 즉 관청이 범죄자나 또는 위법자를 추적하거나 구속하려 할 때 국민대중이 이들 범죄자나 위법자들의 편을 든다는, 다시 말해서 국가권력 속에서 국민 본래의 적을 발견한다는 현상은 찾아볼 수 없다.

이 나라에서는 국민 각자가, 법문제는 역시 자기 자신의 문제이기도 하다는 것을 알고 있다. 범죄자를 동정하는 자는 오직 범죄자 자신일 뿐 정직한 시민은 아니다. 후자는 오히려 기꺼이 경찰과 관헌에게 조력의 손을 내미는 것이다.

지금까지 논술된 사실에 대해 장황한 결론을 내릴 필요는 거의 없을 것으로 생각한다. 왜냐하면 그것은 다음과 같은 간단한 원칙으로 요약될 수 있기 때문이다.

즉 대외적으로 존경받고, 대내적으로 확고부동한 의치를 향유하고자 하는 국가를 위해서는 국민적 법감정만큼 보호와 장려를 필요로 하는 값진 보물은 없다고. 이 보호와 장려는 정치교육상 가장 중요한 과제 중의 하나다.

국민 각자의 이와 같은 건전하고 굳건한 법감정 속에서 국가는 자기 힘의 가장 줄기찬 원천, 즉 대내적·대외적으로 자기존립의 확실한 보증을 갖게 된다.

법감정은 국가를 하나의 나무라 가정할 때 나무 전체를 받드는 뿌리다. 그러므로 만약 뿌리가 쓸모가 없다든지, 암석과 메마른 모래땅에서 말라 버린다면 다른 모든 것은 무용지물이 되고 만다. 폭풍이 한 번 닥쳐오면 나무 전체가 송두리째 쓰러지고 만다. 그러나 줄기와 잎사귀는 사람들의 눈에 띈다는 이점을 갖고 있는 반면 뿌리는 땅속 깊이 파묻혀서 그렇지도 못하다.

부당한 법규와 나쁜 법제도가 국민의 정신력에 가하는 파괴적인 영향을 많은 얼간이 정치가들이 그다지 주의를 기울일 필요가 없다고 생각하는 지역에서 일어나고 있다. 그 정치가에게는 외견상 화려해 보이는 잎사귀만이 중요하며 뿌리로부터 잎사귀로 올라가는 독에 대해서 그는 아무런 예감도 없는 것이다.

그러나 전제정치는 나무를 넘어뜨리기 위해서는

어디서부터 작업을 시작해야 할지를 알고 있다. 즉 우선 잎사귀에는 손을 대지 않고 먼저 뿌리를 파괴시킨다. 사법에 대한 간섭과 개인의 권리를 박탈하는 일부터 착수하여 그 일을 완성하면 그 나무 줄기는 저절로 넘어진다. 그렇기 때문에 이런 때는 무엇보다도 우선 전제주의에 대항한다는 것이 지상명령이다.

로마인들이 왕정은 물론 십대관정치(十大官政治)를 종결시킬 목적으로 여성의 정조와 명예에 대한 침해를 원인으로 삼았을 때 그들은 자신이 무슨 일을 하고 있는지를 잘 알고 있었다. 농민의 자유로운 자기 감정이 가혹한 조세와 고통스러운 노동에 의해서 파괴되고, 시민을 경찰의 피후견인으로 만들고 여행에 대한 허가를 여권을 교부받아야 한다는 조건에 결부시키고 작가의 사상을 출판물 검열관의 허락에 결부시키며 세금은 기분 내키는 대로 할당한다.

국민이 가지고 있는 모든 씩씩한 자기 감정과 도덕력을 근절시키고 저항받지 않는 전제주의를 출발시키기 위해서는 마키아벨리[4] 같은 사람일지라도 이보다 더 효과적인 처방을 줄 수는 없을 것이다. 전

---

4) Niccolò Machiavelli : 1469~1527. 이탈리아 르네상스기의 정치사상
   사 · 역사가.

제주의와 자의가 통과하는 문은 또한 외부의 적에게도 개방되어 있다는 사실을 물론 생각하지 못했다가 적이 눈앞에 나타났을 때에야 비로소 현자(賢者)가 국민의 도덕력과 법감정이 외부의 적에 대해서 가장 튼튼한 성벽이 될 수 있다는 사실을 뒤늦게 인식해 보았자 이미 때는 늦었다.

농민과 시민이 봉건적이고 전제주의적인 자의의 대상이 되었던 바로 그 시대에 로트링겐 지방과 알사스 지방은 독일제국으로부터 사라져 버렸다. 자기 자신에 대해 느낌을 갖도록 훈련되지 않은 농민과 시민이 어떻게 제국을 위해서 느낄 수 있을까!

그러나 우리가 역사의 교훈을 이미 때가 너무 늦은 후에야 비로소 이해한다면 그것은 우리 스스로의 잘못이다. 우리가 그 교훈을 제때에 깨닫지 못하는 것은 역사의 잘못이 아니다. 왜냐하면 역사는 언제나 동일한 교훈을 큰 소리로 분명하게 설교하고 있기 때문이다.

한 민족의 힘이란 그 민족이 갖는 법감정의 힘과 동일한 뜻을 가지며 국민적 법감정의 보호는 국가의 건강과 힘의 보호인 것이다. 이 보호란 말에서 나는 말할 것도 없이 학교나 수업에서 받을 수 있는 이론적 교육이 아니고, 생활의 모든 관계에서 정의의 기본원칙을 실제로 실현하는 것을 뜻한다.

그러나 이것은 법의 외적 기구만으로는 불가능한 것이다. 그런데 이 기구가 완전히 정비되고 법에 대한 관리가 원만해서 최고의 질서가 지배함에도 불구하고 위와 같은 요구가 극단적으로 경시되는 경우가 있다.

노예제도, 유태인에 대한 관세보호 등 건전하고 강력한 법감정의 요구와는 극도로 모순되는 과거의 많은 원칙과 제도들도 또한 법규였고 질서였던 것이다. 그런데 국가 자체가 이런 것들에 의해서 국가로부터 무거운 짐을 강요받았던 시민이나 농민, 유태인들보다 더 많은 손해를 입었을 것이다.

실체법의 확고성, 명료성, 확실성, 법의 모든 영역에서의, 다만 사법의 영역에서 뿐만이 아니라 경찰, 행정, 재정, 입법 분야에서의 건전한 법감정을 방해하는 모든 원칙의 제거, 재판소의 독립, 가능한 한도 내에서 소송제도의 완성, 그것이 국력을 끌어올리는 가장 완전한 길로서 최대의 국방예산이라 할 수 있다. 국가권력이 발표하고 유지하려 하는 모든 자의적이거나 또는 부당한 규정은 국민적 법감정, 따라서 국민적인 힘 자체의 훼손이고, 권리이념에 대한 죄악인데, 이 이념이 때로는 국가 자체를 역습하게 되어 국가가 이자의 이자를 덧붙여서 비싸게 사들이지 않을 수 없는 경우가 가끔 있다. 그래서 이 이념을 사들이기 위해서 국가는 사정에 따라서는 한 주(州)를 희생해야 하는 경우도 있다.

나는 물론 국가가 다만 그와 같은 목적의 고려 때문에 이 죄악을 피해야 한다고 생각하지는 않는다. 나는 오히려 이 이념을, 이념 그 자체를 위해서 실현하는 것을 국가의 가장 성스러운 의무라고 생각한다. 그러나 이것은 아마도 이론가적인 이상주의에 불과할지도 모른다.

그러므로 나는 실제적인 정론가(政論家)나 정치가가 이와 같은 과분한 기대에 대해서 회의적인 태도를 보인다 해도 그들을 나쁘게 생각하지는 않겠다. 그러나 바로 그와 같은 이유 때문에 이들에 대해 이들이 완전히 이해할 수 있는 문제의 실제적인 면을 제시한 것이다.

여기서는 법이념과 국가 이익이 서로 제휴한다. 아무리 건전한 법감정이라 할지라도 오랜 기간 동안 악법을 이겨 낼 수는 없어서, 그것은 둔감해지고 위축된다.

왜냐하면 이미 수 차례에 걸쳐 언급한 바와 같이 법의 본질적 행위이기 때문이다. 자유로운 공기와

불꽃과의 관계는 행위의 자유와 법감정과의 관계와
같다.

즉 법감정에 대해 행위의 자유를 금한다든지 또는
방해한다는 것은 그것의 목을 조른다는 말과 같은
것이다.

옮긴이 심윤종
성균관대학교 독문학과 졸업.
독일 하이델베르크 대학에서 사회학과 졸업.
동 대학에서 석사·박사학위 취득.
하이델베르크 대학 객원교수 역임.
한국 사회학회장, 성균관대학교 총장 역임.
저서로 《산업 사회학》 《현대 사회와 인간》
《현대 사회와 인간화의 사회학》 외 다수가 있으며,
역서로는 《지식 사회학》 《노동 사회학》 등이 있음.

권리를 위한 투쟁

초판 1쇄 발행 / 1977년 5월 25일
2판 1쇄 발행 / 2002년 10월 25일
3판 1쇄 발행 / 2011년 2월 20일
4판 1쇄 발행 / 2018년 2월 12일

지은이 / 루돌프 V. 예링
옮긴이 / 심   윤   종
펴낸이 / 윤   형   두
펴낸데 / 범   우   사

등록번호 / 제406-2003-000048호
등록일자 / 1966년 8월 3일
주소 / 10881 경기도 파주시 광인사길 9-13 (문발동 525-2)
전화 / 대표 031-955-6900~4, 팩스 / 031-955-6905

ISBN 978-89-08-06178-1 04360 (인터넷)www.bumwoosa.co.kr
　　　 978-89-08-06000-5 (세트) (이메일)bumwoosa1966@naver.com

범우학술·평론·예술

독서의 기술 모티머 J./민병덕 옮김
한자 디자인 한편집센터 엮음
한국 정치론 장을병
여론 선전론 이상철
전환기의 한국정치 장을병
사뮤엘슨 경제학 해설 김유송
현대 화학의 세계 일본화학회 엮음
신저작권법 축조개설 허희성
방송저널리즘 신현응
독서와 출판문화론 이정춘·이종국 편저
잡지출판론 안춘근
인쇄커뮤니케이션 입문 오경호 편저
출판물 유통론 윤형두
통합적 마케팅 커뮤니케이션 김광수(외) 옮김
'83~'97출판학 연구 한국출판학회
자아커뮤니케이션 최창섭
현대신문방송보도론 팽원순
국제출판개발론 미노와/안춘근 옮김
민족문학의 모색 윤병로
변혁운동과 문학 임헌영
조선사회경제사 백남운
한국정치의 이해 장을병
조선경제사 탐구 전석담(외)
한국전적인쇄사 천혜봉
한국서지학원론 안춘근
현대매스커뮤니케이션의 제문제 이강수
한국상고사연구 김정학
중국현대문학발전사 황수기
광복전후사의 재인식 I, II 이현희
한국의 고지도 이 찬
하나되는 한국사 고준환
조선후기의 활자와 책 윤병태
신한국사의 탐구 김용덕
독립운동사의 제문제 윤병석(외)
한국현실 한국사회학 한완상

아동문학교육론 B. 화이트헤드
한국의 청동기문화 국립중앙박물관
겸재정선 진경산수화 최완수
한국 서지의 전개과정 안춘근
독일 현대작가와 문학이론 박환덕(외)
정도 600년 서울지도 허영환
신선사상과 도교 도광순(한국도교학회)
언론학 원론 한국언론학회 편
한국방송사 이범경
카프카문학연구 박환덕
한국민족운동사 김창수
비교텔레콤論 질힐/금동호 옮김
북한산 역사지리 김윤우
한국회화소사 이동주
출판학원론 범우사 편집부
한국과거제도사 연구 조좌호
독문학과 현대성 정규화교수간행위원회편
겸제진경산수 최완수
한국미술사대요 김용준
한국목활자본 천혜봉
한국금속활자본 천혜봉
한국기독교 청년운동사 전택부
한시로 엮은 한국사 기행 심경호
출판물 판매기술 윤형두
우루과이라운드와 한국의 미래 허신행
기사 취재에서 작성까지 김숙현
세계의 문자 세계문자연구회/김승일 옮김
불조직지심체요절 백운선사/박문열 옮김
임시정부와 이시영 이은우
매스미디어와 여성 김선남
눈으로 보는 책의 역사 안춘근·윤형두 편저
현대노어학 개론 조남신
교양 언론학 강좌 최창섭(외)
통합 데이타베이스 마케팅 시스템 김정수
문화간 커뮤니케이션의 이해 최윤희·김숙현

범우 셰익스피어 작품선

범우비평판세계문학선 3-①②③④

셰익스피어 4대 비극

W. 셰익스피어 지음/이태주 옮김
크라운 변형판 · 값 10,000원 · 544쪽

우리에게 너무도 잘 알려진 〈햄릿〉〈맥베스〉〈리어왕〉〈오셀로〉 등 비극 4편을 싣고 있으며, 셰익스피어의 비극세계와 그의 성장과정 · 극작가로서 그가 차지하는 문학사적 지위 등을 부록(해설)으로 다루었다.

셰익스피어 4대 희극

W. 셰익스피어 지음/이태주 옮김
크라운 변형판 · 값 10,000원 · 448쪽

영국이 낳은 세계최고의 시인이요 극작가인 셰익스피어의 희극 4편을 실었다. 〈베니스의 상인〉〈로미오와 줄리엣〉〈한여름밤의 꿈〉〈당신이 좋으실 대로〉 등을 통하여 우리의 영원한 세계문화 유산인 셰익스피어를 가까이 만날 수 있을 것이다.

셰익스피어 4대 사극

W. 셰익스피어 지음/이태주 옮김
크라운 변형판 · 값 10,000원 · 512쪽

셰익스피어 사극은 14세기 말에서 15세기 말에 이르기까지 영국사의 정권투쟁을 다루고 있다. 여기에는 〈헨리 4세 1부, 2부〉〈헨리 5세〉〈리차드 3세〉를 수록하였는데 셰익스피어는 이러한 역사극을 통해 세계인들에게 이상적인 군주의 모습이 어떤 것인지를 잘 보여주고 있다.

셰익스피어 명언집

W. 셰익스피어 지음/이태주 편역
크라운 변형판 · 값 10,000원 · 384쪽

이 책은 그의 명언만을 집대성한 것으로 인간의 사랑과 야망, 증오, 행복과 운명, 기쁨과 분노, 우정과 성(性), 처세의 지혜 등에 관한, 명구들이 일목요연하게 엮어져 있다.

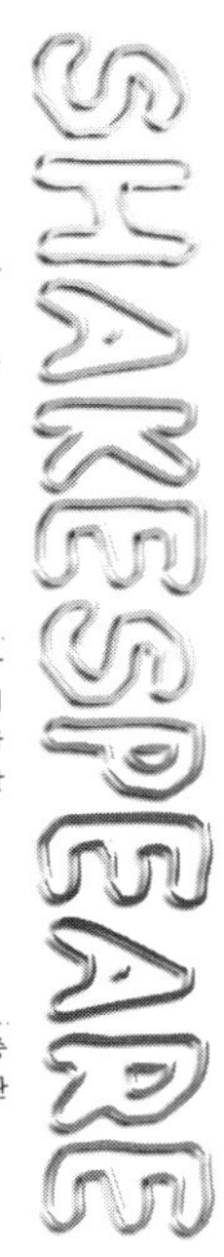

범우사